읽기, 쓰기,
듣기, 말하기를
연결하는

토익
기초
문법

읽기, 쓰기, 듣기, 말하기를 연결하는 **토익 기초 문법**

ⓒ 김영일, 2021

1판 1쇄 인쇄__2021년 8월 20일
1판 1쇄 발행__2021년 8월 30일

지은이__김영일
펴낸이__홍정표
펴낸곳__글로벌콘텐츠
　　　　등록__제25100-2008-000024호

공급처__(주)글로벌콘텐츠출판그룹
　　　　대표_홍정표　이사_김미미　편집_최한나 하선연 권군오 홍명지　기획·마케팅_김수경 이종훈
　　　　주소__서울특별시 강동구 풍성로 87-6
　　　　전화__02) 488-3280　팩스__02) 488-3281
　　　　홈페이지__http://www.gcbook.co.kr
　　　　이메일__edit@gcbook.co.kr

값 14,800원
ISBN 979-11-5852-351-0　13740

읽기, 쓰기,
듣기, 말하기를
연결하는

토익 기초 문법

김영일 지음

글로벌콘텐츠

머리말

 토익 시험은 크게 듣기(Listening Comprehension)영역과 읽기(Reading Comprehension)영역으로 나눌 수 있다. 여기에 토익 스피킹을 더하여 말하는 능력을 테스트하기도 한다. 필자는 토익에 관한 책을 여러 권 출간하다 보니 학습자들이 어렵지 않게 읽을 수 있는 문법책을 써야겠다고 진즉에 마음을 먹었다. 토익 문법은 읽기 영역에서만 사용되는 것이 아니라는 것을 공부를 해본 사람은 알 것이다. 듣기 문제를 풀다가도 어느 한 부분이 들리지 않을 때 문법적인 지식으로 해결이 되는 것을 경험해 본 사람은 문법의 중요성을 알 것이다. 그러므로 문법은 읽기에만 필요한 게 아니라 읽기, 쓰기, 듣기, 말하기 네 가지 분야를 유기적으로 연결해 주는 아주 중요한 요소이다.

 필자는 이 책을 모두 15장으로 구성하였다.
 문법적인 용어와 용법을 쉽게 설명하고, 예문 또한 쉬운 문장으로 들어놓아서 이해하는 데 큰 어려움이 없을 것이라고 생각한다. 각 장마다 설명해 놓은 것을 어느 정도 이해했는지 점검하는 Exercise를 실어서 바로 연습을 할 수 있도록 했다. 또한 각 장 마지막 부분에 Test를 만들어서 문제를 풀어봄으로써 실전에 대비하도록 했다. 많은 문제를 풀어서 실전 감각을 익혀야 높은 점수를 얻을 수 있는 것은 불문가지다. 각 Exercise와 Test에 대한 정답과 해설을 자세하게 풀어놓았으므로 혼자서도 학습을 하는 데 별 지장이 없을 것이다.

이 책의 특징 중 하나는 기본적인 문법 지식을 간단하고도 명료하게 설명하므로 혼자서도 지루하지 않게 학습할 수 있다는 것이다. 또한 장황하게 늘어놓는 불필요한 설명을 지양하여 독학자들이 책의 분량에서 부담감을 느끼지 않도록 핵심 요소만 서술했다.

필자는 제대로 열심히 공부하는 학습자라면 이 한 권의 토익 문법책으로도 토익 고득점의 기초를 닦을 것이라고 믿는다. 이 책은 기초적인 문법책이지만 내용을 토실토실하게 기술하였으므로 학습자들이 거두는 학습 능률과 유용성 또한 작지 않을 것이라고 자부한다.

끝으로 이 책의 출간을 위해 많은 노력을 아끼지 않으신 글로벌콘텐츠의 홍정표 사장님과 편집부 직원 여러분께도 깊은 감사의 인사를 드린다.

2021년 8월 무더운 여름날에
연구실에서 저자

차례 • CONTENTS

토   익
기초 문법

Unit 1

문장의 기초

1 1형식: 주어 + 동사

- 1형식에서는 주어와 동사만으로 하나의 문장이 된다.
- 시간, 장소, 방법을 나타내는 수식어가 뒤에 올 수 있다.
- 주로 쓰이는 동사들은 다음과 같다.

be	go	come	exist	laugh
matter	live	jog	swim	make
burn	breathe	rise	snow	rain
pay	care	drink	smoke	hurt
ache	drive	work	do	stay
talk	occur	die	fly	leave

EXERCISE 빈칸을 채우시오.

1. 나는 매일 학교에 간다.

I (   ) to school every day.

2. 그는 서울에 산다.

He (   ) in Seoul.

3. 우리는 매일 아침에 수영한다.

We (   ) every morning.

4. 겨울에는 눈이 많이 내린다.

It (   ) a lot in winter.

5. 어제는 비가 많이 내렸다.

It ( ) a lot yesterday.

6. 그것은 중요하다.

It ( ).

7. 그는 담배를 많이 피운다.

He ( ) heavily.

8. 해는 동쪽에서 떠오른다.

The sun ( ) in the east.

9. 나는 허리가 아프다.

My back ( ).

10. 너는 빠르게 달린다.

You ( ) fast.

11. 그녀는 집에 있다.

She ( ) in the house.

12. 돈이면 다 된다.

Money ( ).

13. 정직해서 손해날 것 없다.

Honesty ( ).

14. 최후에 웃는 자가 가장 잘 웃는 자다.

He ( ) best who ( ) last.

15. 장미의 향기가 풍긴다.

The roses (   ) fragrantly.

16. 고기가 타고 있다.

The meat is (   ).

17. 내 마음이 아프다.

My heart (   ).

18. 알게 뭐야?

Who (   )?

19. 음주 운전 금지,

Don't (   ) and (   ).

20. 로마에 가면 로마인의 풍습을 따라라.

(   ) in Rome as the Romans (   ).

21. 이 시계는 가지 않는다.

This watch is not (   ).

22. 신은 존재한다.

God (   ).

정답 1. go   2. lives   3. swim   4. snows   5. rained   6. matters   7. smokes
8. rises   9. aches   10. run   11. is   12. talks   13. pays   14. laughs, laughs
15. smell   16. burning   17. aches   18. cares   19. drink, drive   20. Do, do
21. running   22. exists

2 2형식: 주어 + 동사 + 보어

- 2형식 문장은 주어, 동사, 주격보어로 이루어진 문장이다.
- 2형식에서 쓰이는 동사는 주로 be 동사와 같은 불완전 자동사이므로 보어로 명사나 형용사가 온다.
- 의미는 '...이다', '...하다', '...한 상태가 되다'이다.

be	become	feel	go	grow
look	smell	sound	taste	turn
make	seem	appear	get	remain
keep	run			

(1) feel

feel cold 추위를 느끼다
feel blue 우울해지다
feel depressed 풀이 죽다
feel rough 촉감이 거칠다

(2) go

go blind 장님이 되다
go bankrupt 파산하다
go bad 상하다

(3) grow

grow old 나이를 먹다
grow angry 화를 내다
grow weary 피곤해지다

(4) look

look pale 창백해 보이다
look well 건강해 보이다
look happy 행복해 보이다
look young 어려 보이다

(5) smell

smell good 좋은 냄새가 나다
smell delicious 맛있는 냄새가 나다

(6) sound

sound good 멋지게 들리다
sound great 대단하게 들리다
sound fantastic 환상적으로 들리다
sound plausible 그럴듯하게 들리다
sound wonderful 굉장하게 들리다
sound terrible 엉망으로 들리다

(7) taste

taste bitter 쓴맛이 나다
taste wonderful 맛이 좋다
taste bland 담백한 맛이 나다

(8) turn

turn colder 더 추워지다
turn red 단풍이 들다

(9) make

make sure 보증하다, 확신하다
make good 성공하다
make merry 즐겁게 놀다

(10) seem

=appear ...인 것처럼 보이다

(11) get

get better 좋아지다
get worse 나빠지다
get sick 병에 걸리다
get drunk 술 취하다
get sleep 잠자다

(12) keep

keep quiet 조용히 있다
keep indifferent 냉담하게 있다

EXERCISE   빈칸을 채우시오.

1. 나는 대학생이다.
I (   ) a university student.

2. 당신은 나의 태양입니다.
You (   ) my sun.

3. 그는 회사원이다.
He (   ) an office worker.

4. 그녀는 경리이다.
She (   ) an accountant.

5. 그들은 축구 선수이다.
They (   ) soccer players.

6. 우리는 친구다.
We (   ) friends.

7. 그것은 사전이다.
It (   ) a dictionary.

8. 그는 나이가 듦에 따라 더 현명해졌다.
He became wiser as he (   ) older.

9. 나는 기분이 나쁘다.
I (   ) bad.

10. 그 우유는 상했다.

The milk (　　　) bad.

11. 너는 나이에 비해 어려 보인다.

You (　　　) younger for your age.

12. 그 이야기는 그럴듯하게 들린다.

The story sounds (　　　).

13. 담백한 맛이 난다.

It tastes (　　　).

14. 나뭇잎들에 단풍이 들었다.

The leaves (　　　) red.

15. 그 사과는 썩었다.

The apple (　　　) rotten.

16. 그는 침묵한 채로 있었다.

He remained (　　　).

17. 우물이 말랐다.

The well ran (　　　).

정답 1. am 2. are 3. is 4. is 5. are 6. are 7. is 8. grows 9. feel
10. went 11. look 12. plausible 13. bland 14. turned 15. got
16. silent 17. dry

3 3형식: 주어 + 동사 + 목적어

- 3형식 문장의 동사는 목적어가 필요한 타동사이다.
- 목적어는 '...을', '...를'로 번역한다.

answer	cut	discuss	light	marry
explain	introduce	provide	enter	call
supply	furnish	catch	speak	eat
attend	visit	love	put	play

EXERCISE 빈칸을 채우시오.

1. 그녀는 일주일에 두 번 치킨을 먹는다.
She (   ) chicken twice a week.

2. 엄마가 탁자 위에 접시를 놓았다.
Mom (   ) the plate on the table.

3. 포수는 공을 잡았다.
The catcher (   ) the ball.

4. 그는 중국어를 매우 유창하게 구사한다.
He (   ) Chinese very fluently.

5. 나는 어젯밤에 남자 친구에게 전화했다.
I (   ) my boyfriend last night.

6. 너는 무엇을 찾고 있니?

What are you (   ) for?

7. 누구를 기다립니까?

Who are you (   ) for?

8. 나와 결혼해 줄래요?

Will you (   ) me?

9. 제 소개를 하겠습니다.

Let me (   ) myself to you.

10. 우리는 혜전대학교에 다닌다.

We (   ) Hyejeon college.

11. 전화 좀 받아주세요.

(   ) the phone, please.

12. 그들은 2시간 동안 그 문제를 토의했다.

They (   ) the problem for two hours.

13. 학생들이 교실에 들어갔다.

The students (   ) the classroom.

14. 그 영화 봤니?

Did you (   ) the movie?

15. 내 취미는 피아노 연주다.

My hobby is (   ) the piano.

정답 1. eats   2. put   3. caught   4. speaks   5. called
6. looking   7. waiting   8. marry   9. introduce   10. attend
11. Answer   12. discussed   13. entered   14. watch   15. playing

---

4 **4형식: 주어 + 동사 + 간접목적어(I.O.) + 직접목적어(D.O.)**

- 4형식은 목적어가 2개다. 즉, 간접목적어와 직접목적어가 나온다.
- 주로 사람이 간접목적어, 사물이 직접목적어로 쓰인다.
- 이것을 '주어 + 동사 + 목적어'의 형태인 3형식으로 바꾸어 쓸 수 있다.
- 3형식으로 바꾸면 '주어 + 동사 + 직접목적어 + 전치사(to, for, of) + 간접목적어' 형태가 된다.
- 다만 동사에 따라 전치사 to, for, of를 다르게 쓴다는 점에 주의해야 한다.
- 번역은 '...에게 ...을(를) ...하다'로 한다.

(1) 전치사 to를 사용하는 동사

show	send	teach	owe
pay	hand	give	lend
write	bring	sell	tell

(2) 전치사 for를 사용하는 동사

buy	get	make	find
cook	choose	do	

(3) 전치사 of를 사용하는 동사

ask	demand	inquire

EXERCISE 빈칸을 채우시오.

1. 혜전대학교에 가는 길 좀 알려주시겠습니까?

Could you (   ) me the way to get to Hyejeon college?

2. 그녀는 그에게 책을 넘겨주었다.

She (   ) him the book.

= She (   ) a book (   ) him.

3. 차 한 잔 주세요.

(   ) me a cup of tea.

= (   ) a cup of tea (   ) me.

4. 내 전 남자 친구가 어제 내게 이메일을 보냈다.

My ex-boyfriend (   ) me an email yesterday.

= My ex-boyfriend (   ) an email (   ) me yesterday.

5. 그는 저 가게에 50,000원의 외상이 있다.

He (   ) that store 50,000 won.

6. 나는 그에게 10,000원을 갚았다.

I (   ) him 10,000 won.

7. 내 모자를 갖다주세요.

(   ) me my hat, please.

8. 택시 좀 잡아주시겠어요?

Will you find me a taxi?

= Will you find a taxi (　　　) me?

9. 너에게 새 옷을 만들어줄게.

I will make you a new suit.

= I will make a new suit (　　　) you.

10. 부탁이 하나 있습니다.

Will you (　　　) me a favor?

11. 그녀는 딸에게 예쁜 인형을 하나 사주었다.

She bought her daughter a pretty doll.

= She bought a pretty doll (　　　) her daughter.

12. 질문 하나 해도 될까요?

May I ask you a question?

= May I ask a question (　　　) you?

정답 1. show　2. handed, handed, to　3. Give, Give, to　4. sent, sent, to
5. owes　6. paid　7. Get　8. for　9. for　10. do　11. for　12. of

5 5형식: 주어 + 동사 + 목적어 + 목적보어(O.C.)

- 5형식은 주어, 동사, 목적어와 목적어를 보충해 주는 목적보어로 구성되어 있다.
- 목적보어의 자리에는 명사와 형용사뿐만 아니라 to부정사와 동명사도 올 수 있다.
- 번역은 '...는 ...을(를) ...라고(로) ...하다'로 한다.

make	believe	call	consider	find
name	paint	think	leave	keep
invite	order	allow	lead	choose
warn	know	advise	permit	want

EXERCISE　　빈칸을 채우시오.

1. 나의 가족은 항상 나를 기쁘게 한다.

My family always (　　　) me happy.

2. 우리는 벽을 하얗게 칠했다.

We (　　　) the walls white.

3. 그는 너를 믿을 만한 사람이라고 생각한다.

He (　　　) you worthy of confidence.

4. 나를 미스터 김이라고 부르세요.

Please (　　　) me Mr. Kim.

5. 그녀는 나를 정직한 사람이라고 믿었다.

She (　　　) me honest.

6. 그녀는 7을 행운의 숫자라고 생각한다.

She ( ) the number 7 lucky.

7. 그녀는 커피를 블랙으로 마신다.

She ( ) her coffee black.

8. 창문을 열어두지 마라.

Don't ( ) the window open.

9. 나는 그 영화가 재미없다는 것을 알았다.

I ( ) the movie boring.

10. 그녀는 머리를 빨갛게 염색했다.

She ( ) her hair red.

정답 1. makes   2. painted   3. considers   4. call   5. believed   6. thinks
7. drinks   8. leave   9. found   10. dyed

Test

1. That story sounds (   ); I can't believe it.
   a. strangely   b. strangeness
   c. stranging   d. strange

2. He must have left the water (   ).
   a. ran   b. running
   c. run   d. to run

3. Honesty will (   ) in the long run.
   a. get   b. earn
   c. pay   d. go

4. The CEO was so tired that he (   ) down and slept.
   a. lay   b. laid
   c. lied   d. lain

5. The judge explained (   ).
   a. the rules of the game to us
   b. to us the rules of the game
   c. the rules of the game for us
   d. us the rules of the game

정답 1. d   2. b   3. c   4. a   5. a

해설

1 '...하게 들리다'는 뜻의 동사 sound는 형용사를 보어로 취하는 불완전자동사이다.
그러므로 형용사인 strange를 써야 한다.
다만 우리말로는 '이상하게 들린다'라고 부사로 번역한다.
이런 종류의 동사에는 look(...하게 보이다), feel(...하게 느껴지다), taste(...한 맛이
나다), smell(...한 냄새가 나다) 등이 있다.
번역 그 이야기는 이상하게 들려. 난 못 믿겠어.

2 동사 leave(left의 원형)의 쓰임새를 알아보자.

a. leave + 목적어 + ...ing	...을 어떤 상태로 두다 (목적어 능동)
b. leave + 목적어 + 과거분사	...을 어떤 상태가 되게 하다 (목적어 수동)
c. leave + 목적어(사람) + to부정사	...을 ...하게 내버려 두다

목적어 water가 '흐르게'라는 능동의 뜻을 써야 하므로 running이다.
번역 그가 물이 흐르게 놔둔 게 틀림없다.

3 '보답을 받는다'라는 뜻의 동사 pay가 완전자동사로 쓰인 문장이다.
in the long run(결국에는)은 수식어에 불과하다.
동사 get, earn은 뒤에 목적어가 나와야 하므로 답이 될 수 없고,
go는 완전자동사로 쓰이긴 하지만 이 문장에서는 말이 안 된다.
직역하면 정직은 결국에는 보답을 받는다는 뜻이다.
번역 정직해서 손해날 게 없다.

4 이 문장은 시제가 과거이다. 그러므로 과거형 동사를 찾아야 한다.

답 a의 동사 lay는 '놓다'라는 동사의 원형이기도 하지만
'눕다'라는 동사 lie의 과거형이기도 하다.

그러므로 '누워서'라는 뜻으로 lay down을 써야 한다.

혼동하기 쉬운 동사들의 의미와 변화형을 알아두자.

원형	과거형	과거분사형	뜻
lie	lay	lain	눕다
lie	lied	lied	거짓말하다
lay	laid	laid	놓다

번역 사장은 너무 피곤해서 누워 잠이 들었다.

5 동사 explain을 수여동사로 착각하기 쉬우므로 활용에 유의해야 한다.

수여동사는 두 개의 목적어 즉, 간접목적어와 직접목적어를 한 문장에서 동시에 취하는
동사를 말하는데 explain은 수여동사가 아니다.

a. explain + 목적어	...을 설명하다
b. explain + 목적어 + to 사람	...에게 ...을 설명하다
c. explain + to 사람 + that 절	...에게 'that 절'을 설명하다

explain처럼 쓰이는 동사들을 알아두자.

announce	알리다	introduce	소개하다
suggest	제안하다	mention	언급하다
propose	제안하다		

번역 심판은 우리에게 경기 규칙을 설명했다.

토　　익
기초 문법

Unit 2

명사와 관사

1   가산명사

- 셀 수 있는 명사를 말한다.
- 보통명사와 집합명사가 있다.
- 단수일 때에는 a/an + 명사 (예: a key, an egg)
- 복수일 때에는 ① 명사 뒤에 -s/-es (예: keys, heroes)
  　　　　　　　② few/a few/many + 복수명사 (예: few ladies)

(1) 보통명사: 복수형으로 나타낼 수 있다.

I have a **dream.** 나에게는 꿈이 있다.

Hold fast to **dreams.** 꿈을 꽉 잡아라.

① 복수형 규칙

단수	복수	비고
city	cities	자음 + y로 끝나는 단어는 복수형으로 바꿀 때 y를 i로 고치고 –es를 붙인다.
country	countries	
wife	wives	–fe나 f로 끝나는 단어는 복수형으로 바꿀 때 –ves로 고친다.
leaf	leaves	
box	boxes	–x로 끝나는 단어는 그 다음에 –es를 붙인다.
ax	axes	

② 불규칙 복수형

단수	복수	단수	복수
man	men	woman	women
foot	feet	tooth	teeth
person	people	fish	fish
child	children	sheep	sheep

* 자주 출제되는 가산명사를 알아두자.

dream	꿈	mistake	실수
agreement	동의	way	방법
account	계좌	alternative	대안
procedure	절차	problem	문제
effort	노력	factor	요인
attempt	시도	reason	원인
method	방법	statement	보고서, 명세서
result	결과	sales report	영업 보고서

I have a **financial** statement.
나는 재정 보고서를 가지고 있다.

There is a **sales report** on his desk .
그의 책상 위에 판매 보고서가 있다.

(2) 집합명사: 사람이나 사물의 집합체를 나타낸다.

• dog(개), family(가족), cattle(소), police(경찰), people(국민) 등
 ※ cattle, police, people은 단수 형태로 쓰고 복수 취급한다.

A dog is a faithful animal. (대표 단수)
개는 충직한 동물이다.
 ※ A dog은 개 한 마리라는 뜻이 아니라 개라는 종족을 대표하는 단수이다.

The dog is a faithful animal. (대표 단수)
 ※ The dog은 그 개라는 뜻이 아니라 종족을 대표하는 단수이다.

Dogs are faithful animal. (대표 복수)
 ※ Dogs는 개들이라는 뜻이 아니라 개라는 종족을 대표하는 복수이다.

불가산명사

- 셀 수 없는 명사라고도 부른다.
- 단수 취급한다.
- 복수 형태로 쓸 수 없다.
- 부정관사(a/an)를 붙일 수 없다.
- 물질명사, 추상명사, 고유명사가 여기에 해당된다.

advice	충고	equipment	장비
furniture	가구	news	뉴스
luggage	수하물	water	물
coffee	커피	paper	종이
wine	와인	milk	우유
sugar	설탕	salt	소금
attendance	출석	produce	농산물
experience	경험	ticketing	발권
information	정보	beer	맥주
baggage	짐	machinery	기계류
bread	빵	clothing	의류
money	돈	advertising	광고

(1) 불가산명사가 단수로 쓰일 때

a piece of paper 종이 한 장

a piece of information 정보 한 건

a piece of furniture 가구 한 점

(2) 불가산명사가 복수로 쓰일 때

two glasses of water 물 두 컵

two cups of coffee 커피 두 잔

three loaves of bread 빵 세 조각

＊ 불가산명사는 '수사 + 단위 + of + 명사'의 형태로 나타낸다.

two milks (×) → two glasses of milk (○) 우유 두 잔

→ little milk (○) 우유가 거의 없는

→ much milk (○) 많은 우유

＊ 고유명사 a Seoul (×), Seoul (○)

＊ 추상명사 an information (×), informations (×), information (○)

＊ 물질명사 a water (×), waters (×), water (○)

3 수량 표현 + 명사

(1) 한정사 + 명사

① 한정사 a, an, each, every, another + 단수명사로 나타낸다.

Every dogs have his day. (×)

Every **dog has** his day. (○)

※ every 는 단수명사를 쓰므로 복수형이 나올 수 없다.

② 한정사 both, few, a few, many, various, several + 복수명사로 쓴다.

Few ~~student~~ (**students**) ~~was~~ (**were**) present at the seminar.

세미나에 참석한 학생이 거의 없었다.

※ few는 복수명사를 쓴다고 했으니 students로 고치고
주어가 복수이므로 동사도 were로 써야 한다.

※ few는 '거의 없는'이라는 부정의 의미이다.
긍정으로 번역하지 않도록 주의해야 한다.

③ 한정사 little, a little, much, a great deal of + 단수명사로 표현한다.

A great deal of ~~efforts were~~ (**effort was**) spent to merge the two companies.
두 회사를 합병하는 데 많은 노력이 있었다.

 ※ a great deal of는 단수명사를 쓴다고 했으니 effort로 바꾸어야 하고 주어가
　 단수이므로 동사도 was가 되어야 한다.

 ※ a great deal of는 much로 바꿔 쓸 수 있다.

(2) 수량 표현 + of

① 구체적인 숫자가 아니라 막연한 숫자를 나타낼 때는 다음과 같이 표현한다.

dozens of 수십

hundreds of 수백

thousands of 수천

millions of 수백만

~~Million~~ (**Millions**) of people visited France to see the performance.
수백만 명의 사람들이 그 공연을 보러 프랑스로 왔다.

② 구체적인 숫자를 말할 때는 복수가 아닌 단수로 나타낸다,

The concert was a big success with over ~~nine thousands~~ (**nine thousand**)
people in attendance.
그 콘서트는 9천 명이 넘는 사람들이 모여 대성공이었다.

4 명사의 위치

(1) 관사 + 명사

The boss offered **a reduction** for the group 10 or so.
상사는 10명 정도 감축을 제안했다.

(2) 전치사 + 명사

The company security policy requires a form **of identification** from every visitor entering the building.
그 회사의 보안 방침상 방문객은 건물에 들어갈 때 신분증을 제시해야 한다.

(3) 소유격 + 명사

The managers are asked to help **their teams** increases productivity.
매니저들은 생산성을 높이기 위해서 자기네 팀들을 도와 달라고 요청을 받는다.

(4) 형용사 + 명사

For **proper processing**, return the enclosed form.
적절한 절차를 위해서 동봉한 양식서를 보내주세요.

(5) 명사 + 명사: 복합명사라 한다.

• 앞의 명사는 뒤의 명사를 수식하는 형용사 역할을 한다.
• 앞에 있는 명사는 단수로 쓴다.

He predicts considerable ~~markets growth~~ (**market growth**) in China.
그는 중국에서 상당한 시장 증가가 있을 것이라고 예측한다.
※ 복합명사에서 앞에 나오는 명사는 형용사의 역할이므로 복수로 쓸 수 없다.

＊ 시험에 자주 나오는 복합명사를 알아두자.

advertising company	광고 회사
exercise facilities	운동 시설
health benefits	의료 혜택
job performance	업무 수행
expiration date	유효 기간
shipping costs	운송 비용
residency requirements	거주 요건
communication skills	의사소통 능력
job openings	일자리
assessment polices	평가 정책
customer satisfaction	고객 만족
installment payments	할부 납부
performance evaluation	근무 평가
marketing strategy	판매 전략
safety needs	안전 요구
research committee	연구 위원회
application form	신청서

The **expiration date** of my passport is the end of this month.
여권 만료일이 이번 달 말이다.

Job openings at big companies have increased by 10% compared to last year.
대기업 채용이 작년에 비해 10% 증가했다.

communications satellite	통신 위성
customs declaration	세관 신고
sales analysis	판매 분석
savings account	예금 계좌
benefits package	연금 패키지
sales figures	판매 매출액

I'd like to open a **savings account**.
예금 계좌를 만들려고 합니다.

5 부정관사와 정관사

(1) 부정관사

• a, an을 말한다.
• 정해져 있지 않은 불특정한 단수 가산명사 앞에 쓴다.

① 부정관사의 의미

a. '하나'의 뜻

Rome was not built in **a** day. (a = one)
로마는 하루아침에 이루어지지 않았다.

b. '어떤'의 뜻

It's true in **a** sense. (a = certain)
그것은 어떤 의미에서 사실이다.

c. '어느 정도'의 뜻

She couldn't say a word for **a** while. (a = some)
그녀는 잠시 동안 한마디도 할 수 없었다.

d. '같은'의 뜻

Birds of **a** feather flock together. (a = the same)

깃털이 같은 새는 끼리끼리 모인다.

e. '...마다'의 뜻

Please give me a call at least once **a** day. (a = per = each)

적어도 하루에 한 번 정도 나에게 전화를 해주세요.

f. 대표 단수의 뜻

Fox is **a** cunning animal.

여우는 교활한 동물이다.

② 부정관사의 관용 표현

as a rule	대체적으로
at a distance	떨어져서
at a loss	어쩔 줄을 몰라서
as a result	결과적으로
take a vacation	휴가를 보내다
make a mistake	실수하다
reach an agreement	합의하다
all of a sudden	갑자기
from a distance	멀리서
in a hurry	급히
in a sense	어떤 의미에서
make a decision	결정하다
have a reservation	예약하다
come to a head	위기에 이르다

(2) 정관사

- the를 말한다.
- 특정한 명사를 나타낼 때 사용한다.
- 가산명사와 불가산명사에 모두 쓰인다.

① 정관사의 쓰임새

a. 앞에 한 번 나온 명사를 가리킬 때 쓴다.

She has **a big bag**. **The** bag is black and heavy.

그녀는 큰 백을 지니고 있다. 그 백은 검정색이고 무겁다.

b. 대표 단수의 뜻

The dog is a faithful animal.

개는 충직한 동물이다.

c. 말하는 사람과 듣는 사람이 지칭하는 것이 무엇인지 서로 알고 있을 때 쓴다.

Would you mind opening **the window**?

창문 좀 열어주시겠습니까?

d. 수식어구로 한정할 때 쓴다.

The principal of our school is Mr. Kim.

우리 학교 교장 선생님은 김 선생님이시다.

e. 유일한 것을 나타낼 때 쓴다.

The earth goes around the sun.

지구는 태양 주위를 돈다.

f. the + 비교급 + of the two '둘 중에 더 ...하다'의 뜻

She is **the taller of the two** girls.

그녀가 두 여자 중에서 키가 더 크다.

g. 악기 이름을 나타낼 때 쓴다.

I used to **play the piano** and **the guitar** in my school days.

나는 학창 시절에 피아노와 기타를 치곤했다.

h. 서수 앞에서 쓴다.

August is **the 8th** month of a year.

8월은 일 년에서 여덟 번째에 오는 달이다.

i. 최상급 앞에서 쓴다.

Who is **the youngest** student in our class?

누가 우리 반에서 가장 어리니?

j. only, very, same 앞에서 쓴다.

He is **the only** man for the honor.

그는 그 명예에 어울리는 유일한 사람이다.

She is **the very** woman that I want.

그녀가 바로 내가 원하는 여자이다.

Everybody looked at him **at the same time** when he shouted.

모든 사람이 그가 소리를 쳤을 때 동시에 쳐다보았다.

k. the + 형용사 = 복수 보통명사 / the + 과거분사 = 단수 보통명사

the young = young people	젊은이들	
the old = old people	노인들	복수
the poor = poor people	가난한 사람들	
the rich = rich people	부자들	
the accused	피고인	단수
the deceased	고인	

The rich ~~is~~ (are) not always happy.

부자라고 항상 행복한 것은 아니다.

※ The rich는 복수 취급해야 하므로 are로 써야 한다.

② 정관사의 관용 표현

the moon	달	the sun	해
the universe	우주	the world	세계
the east	동	the west	서
the south	남	the north	북
the sky	하늘	the wind	바람
the right	오른쪽	the left	왼쪽

6 관사의 위치

(1) so/as/too + 형용사 + 부정관사 + 명사

I have had **so good a time**.

나는 아주 재미있는 시간을 보냈다.

(2) quite/such + 부정관사 + 형용사 + 명사

She is **quite a good singer**.

그녀는 매우 훌륭한 가수다.

(3) all/both + 정관사 + 명사

Both the women are my students.

두 여자 모두 내 학생들이다.

7 관사의 생략

(1) 가족 관계, 관직, 호칭, 신분을 나타내는 명사 앞에서는 생략한다.

Mother is looking for you.
엄마가 너를 찾고 있어.

President Baiden
바이든 대통령

(2) 식사, 질병, 운동의 이름 앞에서 생략한다.

When he is busy, he often skips **lunch**. (식사)
그는 바쁠 때 점심을 자주 거른다.

He is suffering from **flu**. (병)
그는 감기로 고생하고 있다.

My hobby is playing **soccer**. (운동)
내 취미는 축구다.

(3) 계절, 교통/통신 수단, 학문명 앞에서 생략한다.

Winter is my favorite season. (계절)
겨울은 내가 가장 좋아하는 계절이다.

by **bus**, by **phone**, by **e-mail** (수단)
버스로, 휴대전화로, 이메일로

I majored in **statistics**. (학문명)
나는 통계학을 전공했다.

(4) 장소를 나타내는 명사가 본래 목적으로 쓰일 때 생략한다.

in school	재학 중
at church	예배 중
go to church	교회에 가다
go to sea	선원이 되다
go to work	출근하다
at work	작업 중
leave school	퇴학당하다, 졸업하다
go to school	학교에 가다
go to bed	잠자리에 들다
go to prison	감옥에 가다
at table	식사 중
at sea	항해 중

What time do you usually **go to bed**?
너는 보통 몇 시에 자니?

(5) 관용 표현

at home	집에
by mistake	실수로
in error	오류의
on time	정각에
take place	일어나다
on duty	근무 중인
in front of	...앞에
lose sight of	시야에서 놓치다
take advantage of	...을 이용하다
listen to music	음악 감상하다
on foot	걸어서

at noon	정오에
in time	시간 안에
in haste	서둘러
take part in	...에 참가하다
on purpose	고의로
take hold of	쥐다, 잡다
in order to	...하기 위하여
watch TV	텔레비전을 보다
get to work	출근하다

You'd better ~~take an advantage of~~ (**take advantage of**) every chance you get.
당신이 얻는 모든 기회를 이용하는 게 좋겠어요.

EXERCISE 옳은 것을 고르거나 밑줄 친 부분을 올바르게 고치시오.

1. 모든 학생이 출석했다.
<u>Every students</u> (was/were) present.

2. 자화자찬은 인지상정이다.
Each person (love/loves) to hear himself sing.

3. 많은 종이가 필요합니까?
Do you need <u>many papers</u>?

4. 교실에는 거의 학생들이 없었다.
There (was/were) few students in the classroom.

5. 많은 꿈들이 우리를 살게 합니다.

<u>Much dreams</u> let us live.

6. 커피 한 잔 더 마실래?

Do you care for (   ) cup of coffee?

7. 설탕은 몸에 안 좋다.

<u>Sugars are</u> not good for your health.

8. 나는 어제 바지 두 벌을 샀다.

I bought <u>two</u> pants yesterday.

9. 그는 어젯밤에 잠을 많이 못 잤다.

He didn't get <u>many</u> sleep last night.

정답 1. Every student, was   2. loves   3. much paper   4. were
5. Many dreams   6. another   7. Sugar is   8. two pairs of   9. much

Test

1. Mathematics is not (   ).
   a. such difficult   b. so a difficult subject
   c. a so difficult subject   d. so difficult a subject

2. They drove at the rate of 80 miles (   ).
   a. hours   b. an hour
   c. the hours   d. a hour

3. A computer does not work in (   ) same way the brain does.
   a. the   b. a
   c. that   d. an

4. She (   ) in her free time.
   a. is listen to music   b. listen to music
   c. listens to music   d. listen to the music

5. The accused (   ) into the court.
   a. were brought   b. was bring
   c. was brought   d. brought

정답 1. d 2. b 3. a 4. c 5. c

해설

1 관사의 위치를 묻는 문제이다.

'so + 형용사 + 부정관사 (a, an) + 명사'이고

'such + 부정관사 (a, an) + 형용사 + 명사'의 어순이다.

그러므로 so difficult a subject로 써야 한다.

mathematics와 같은 학문명은 단수 취급하므로

be 동사를 are로 쓰지 않고 is를 쓴다는 점도 유의하자.

번역 수학은 그렇게 어려운 과목이 아니다.

2 '시간 당', '매 시'의 뜻으로는 an hour라고 표현한다.

부정관사 a, an이 '...당', '매'의 뜻으로 쓰일 때는 per나 each와 같다.

at the rate of는 '...의 비율로'라는 뜻이다.

번역 그들은 시속 80마일로 달렸다.

3 정관사 the의 활용을 묻는 문제이다.

the + same	같은
the + very	바로
the + only	유일한

the brain does에서 does는 works를 대신하는 대동사이다.

번역 컴퓨터는 두뇌가 활동하는 것과 같은 식으로 작동하지는 않는다.

4 '음악을 듣다'라는 표현은 listen to the music이 아니다.

정관사 the가 붙지 않은 listen to music이다.

또한 주어가 She이므로 listens를 써야 한다.

번역 그녀는 여가 시간에 음악을 감상한다.

5 '고소하다', '비난하다'의 뜻을 가진 accuse라는 동사가 과거분사형 accused로 쓰여 정관사 the와 결합하면 단수명사가 된다.

5번은 수동태의 문제인데 The accused는 단수이므로 was brought into...로 쓴다.

the + 형용사: 복수 보통명사	
the rich	부자들
the poor	가난한 사람들
the good	착한 사람들
the bad	나쁜 사람들
the young	젊은이들
the old	노인들

the + P.P. (단수)

the accused 피고인

번역 피의자는 법정에 소환되었다.

Unit 3

대명사

1 인칭대명사

격		주격	소유격	목적격	소유대명사	재귀대명사
1인칭	단수	I	my	me	mine	myself
	복수	we	our	us	ours	ourselves
2인칭	단수	you	your	you	yours	yourself
	복수	you	your	you	yours	yourselves
3인칭	단수	he	his	him	his	himself
		she	her	her	hers	herself
		it	its	it	x	itself
	복수	they	their	them	theirs	themselves

(1) 주격: 문장에서 본동사 앞에 대문자로 쓴다.

Mr. Kim has proven that he is deserving of the job.
김 선생님은 자신이 그 일을 담당할 자격이 있다는 것을 입증했다.

(2) 소유격: 명사 앞에서 명사를 수식한다.

Love me, love **my** dog.
나를 사랑한다면 내 개도 사랑하라.

(3) 목적격: 타동사의 목적어 자리에 온다.

• '...을', '...를', '...에게'의 뜻이다.

I want **you** to love him.
당신이 그 사람을 사랑하기를 바란다.

(4) 소유대명사: 명사 자리에 단독으로 쓰인다.

• '소유격 + 명사'의 뜻이다.

His opinion differs from **mine**.
그의 의견은 나의 의견과 다르다.

(5) 재귀대명사: 행위를 행한 주어가 동사나 전치사의 목적어로 반복될 때 쓴다. (생략 불가능)

He talked to his boss about **himself.**
그는 자신에 대해서 상사에게 말했다.

* 재귀대명사의 관용 표현

by oneself	혼자 (=alone)
for oneself	혼자의 힘으로
in itself	본래
of oneself	저절로
in spite of oneself	자신도 모르게
between ourselves	우리끼리 얘기지만
beside oneself	제정신이 아닌
to oneself	자기 자신에게, 혼자만
pride oneself on	...을 자랑스러워하다
present oneself at	...에 참석하다
talk to oneself	혼잣말하다
come to oneself	정신을 차리다

Make yourself at home.
편하게 있어.

Help yourself to the wine.
와인을 맘껏 드세요.

She was **beside herself** with rage.
그녀는 화가 나서 제정신이 아니었다.

My dad always hums **to himself**.
우리 아빠는 항상 혼자 중얼거린다.

I fell asleep **in spite of myself**.
나도 모르게 잠들었다.

He couldn't control the situation **by himself**.
그는 혼자서 그 상황을 통제할 수 없었다.

I tried to solve the difficult problems **for myself**.
나는 혼자 힘으로 그 어려운 문제들을 풀려고 노력했다.

2 대명사의 일치

(1) 수의 일치

- 단수명사는 단수대명사로, 복수명사는 복수대명사로 일치시킨다.

The teacher told the applicants that ~~he~~ (**they**) have to follow the rules during the training.
선생님은 신청자들은 교육하는 동안에 규정을 따라야 한다고 말했다.
※ the applicants가 복수이므로 대명사는 수의 일치에 따라 they를 써야 한다.

(2) 격의 일치

~~His~~ (**He**) will help you find the way to Hyejeon college.
그는 당신이 혜전대학교로 가는 길을 찾는 것에 도움을 줄 것이다.
※ 주어의 자리에는 주격이 와야 하므로 He를 써야 한다.

The boss promised ~~she~~ (**her**) a pay raise.
상사는 그녀에게 급여를 인상하겠다고 약속했다.
※ '그녀에게'라는 목적격을 써야 하므로 she가 아니라 her이다.

3   부정대명사

(1) some

① 평서문과 긍정문에 쓴다.

Some students are diligent.

어떤 학생들은 부지런하다.

② 셀 수 있는 명사, 셀 수 없는 명사에 모두 쓸 수 있다.

I need **some advice** from him.

    (불가산명사)

나는 그로부터 충고가 좀 필요하다.

He has **some close friends**.

      (가산명사)

그는 친한 친구가 몇 명 있다.

※ some은 a few와 마찬가지의 뜻이다.

(2) any

① 부정문, 의문문, 조건문에 쓴다.

I don't have **any questions.**

나는 질문이 없다.

Do you have any brothers or sisters?

남자 형제나 여자 형제가 있습니까?

If you have any questions, let me know immediately.

질문이 있으면 바로 제게 알려주세요.

② 셀 수 있는 명사, 셀 수 없는 명사에 모두 쓸 수 있다.

If you want **any money**, I will lend you some.

(불가산명사)

돈이 필요하면 내가 좀 빌려줄게요.

Employees cannot use **any services** without his permission.

(가산명사)

직원들은 그의 허락 없이 어떤 서비스도 이용할 수 없다.

(3) one/another/the other/others

① one: 일반인이나 사물의 하나를 나타낸다.

One must have a mind of winter.

누구나 겨울의 마음을 지녀야 한다.

Do you have **a pen**?

너 펜 있니?

Yes, I have **one**.

응, 한 자루 있어.

② another: '다른 것 하나'의 뜻이다.

I don't like this shirt: show me **another**.

이 셔츠 마음에 안 들어요. 다른 것으로 보여주세요.

③ 둘 중의 하나는 one, 나머지 하나는 the other이다.

He has two sons; **One** is a teacher, and **the other** is a doctor.

그는 아들이 둘 있다. 한 명은 선생님이고 다른 한 명은 의사이다.

④ 셋 중의 하나는 one, 다른 하나는 another, 나머지 세 번째는 the other이다.

There are three guys. **One** is short, **another** is tall and **the other** is fat.

세 명이 있다. 한 명은 키가 작고, 다른 한 명은 키가 크고 나머지 한 명은 뚱뚱하다.

⑤ one ...the others: 셋 이상의 경우에 하나는 one이고, 나머지는 the others이다.

I have four friends. One is from England, ~~the other~~ (**the others**) are from America.

나는 외국인 친구가 네 명이 있다. 한 사람은 영국인이고 나머지는 미국인이다.

(4) all: '모든'의 뜻이다.

① all + 가산명사 복수형

All students were pleased to hear the good news.

모든 학생들이 희소식을 듣고 기뻐했다.

② all + of + 관사/소유격 + 가산명사 복수형

All of the students are supposed to be present at the special lecture.

= All of **my** students are supposed to be present at the special lecture.

= **All the students** are supposed to be present at the special lecture.

모든 학생들이 특강에 참석하기로 되어 있다.

※ 전치사 of를 생략할 수 있다.

③ all + of + 관사/소유격 + 불가산명사

All of the furniture here ~~are~~ (**is**) made in Korea.

= **All the furniture** here is made in Korea.

여기 있는 모든 가구는 한국산이다.

※ 전치사 of를 생략할 수 있다.

※ furniture는 셀 수 없는 명사이므로 단수로 취급하니 동사는 is로 써야 한다.

(5) both: '양 쪽', '둘 다'의 뜻이다.

① both + 가산명사 복수형

Both colleges have various facilities for students.
두 대학 모두 학생들을 위한 다양한 시설이 있다.

② both of + 관사/소유격 + 가산명사 복수형

Both of her sisters leave for Canada this weekend.
그녀의 언니 둘 다 이번 주말에 캐나다로 떠날 것이다.

(6) each, every

- each는 '각각', '각자'의 뜻이다.
- 명사를 수식하고 단수로 취급한다.
- every는 '모든'의 뜻이다.
- 명사를 수식하고 단수로 취급한다.
- each of는 가능하지만, every of는 안 된다.

① each + 단수명사

Each ~~students~~ (**student**) ~~have~~ (**has**) a dream to achieve.
학생은 각자 성취해야 할 꿈이 있다.

  ※ Each 다음에는 단수명사를 써야 하므로 복수가 아니라 단수 student가 된다.
    주어가 단수이므로 동사도 have가 아니라 has이다.

② each of + 관사/소유격 + 복수명사 + 단수형 동사

Each of the students ~~try~~ (**tries**) to flatter.
각각의 학생이 아부하려고 애쓴다.

  ※ students가 복수라고 해서 동사를 try로 써서는 안 된다는 점에 유의해야 한다.
    each는 항상 단수 취급한다는 점을 기억하자.

③ every + 단수명사 + 단수형 동사

Every ~~dogs~~ (**dog**) ~~have~~ (**has**) his day.

쥐구멍에도 볕들 날이 있다.

  ※ every는 단수 취급하므로 dogs가 아니라 dog으로 써야 한다.

  동사도 단수 주어에 일치시켜야 한다.

④ every + 기수 + 복수명사 = every + 서수 + 단수명사

• '...간격으로', '매 ...마다'의 뜻이다.

He gives a call to his grandparents **every three months**. (기수)

= He gives a call to his grandparents **every third month**. (서수)

그는 그의 할아버지, 할머니께 석 달에 한 번 전화를 드린다.

(7) 지시 대명사

• this – these
• that – those
• 하나의 문장에서 앞에 있는 명사를 뒤에 나오는 동일한 명사와 비교할 때에는 그 명사를 반복해서 쓰지 않고 단수이면 that, 복수이면 those를 쓴다.

The climate of Taiwan is milder than **that** of Korea.

타이완의 날씨는 한국의 날씨보다 온화하다.

  ※ 앞에 나오는 타이완의 날씨와 뒤에 나오는 한국의 날씨를 비교하므로 뒤에 나오는
  명사는 반복하지 않고 단수인 that을 쓴다.

Our students are better than **those** of other universities.

우리 학교 학생들이 다른 학교 학생들보다 더 낫다.

  ※ 우리 학교 학생들(students)과 다른 학교 학생들을 비교하므로 뒤에 나와야하는
  동일한 명사를 반복하지 않고 복수인 those를 쓴다.

EXERCISE 옳은 것을 고르시오.

1. 김 선생님은 세미나실에 노트북을 놓고 갔다.

Ms. Kim left (his/her) laptop in the seminar room.

2. 회사 공장을 해외로 이전하려는 그들의 계획은 실현 가능성이 있는 것 같다.

(They/Their) plan to relocate the company's factory abroad seems feasible.

3. 마케팅 부서가 직접 제품 연구를 수행했다.

The marketing department conducted product research (its/itself).

4. 내 룸메이트가 아파서 나 혼자 수업을 들으러 갔다.

My roommate was sick, so I went to the class (for myself/by myself).

5. 이 길이 산 정상으로 가는 가장 좋은 길이다.

(This/These) is the best way to get to the top of the mountain.

6. 하늘은 스스로 돕는 자를 돕는다.

Heaven helps (those/that) who help themselves.

7. 매니저들은 업무 능률을 향상시키기 위하여 서로 충고를 해주어야 한다.

Managers should give (the other/one another) advice to improve their work.

8. 쥐구멍에도 볕 들 날이 있다.

Every (dogs/dog) (has/have) his day.

9. 그 공장은 매달 엄청난 양의 쓰레기를 배출하는데, 이게 오염의 주요인이다.

The factory produces a great deal of waste each month, and (these/this) is a major cause of pollution.

10. 약속을 한 사람은 누구든 약속을 지켜야 한다.

(Anyone/Any) who has made a promise should keep it.

정답 1. her   2. Their   3. itself   4. by myself   5. This
6. those   7. one another   8. dog, has   9. this   10. Anyone

Test

1. The Olympic Games are held (   ).

   a. every four year   b. each four years

   c. every four years   d. each four year

2. The climate of England is quite different from (   ) of Korea.

   a. that   b. one

   c. which   d. this

3. Of the two employees one has been assigned to the General Affairs Division (   ) has become a part of the Human Resources Division.

   a. others   b. another

   c. the other   d. other

4. It's clear that we cannot make a decision about this until we have more (   ).

   a. good informations   b. good information

   c. the good informations   d. a good information

5. He yearned to return to Jeju island because (   ) had been enamored of its sights.

   a. him   b. his

   c. he   d. himself

정답 1. c 2. a 3. c d. b 5. c

해설

1. every와 each의 활용을 묻는 문제이다.

every는 each와 마찬가지로 단수 취급하는 대명사이다.

every + 단수명사 + 단수동사

each + 단수명사 + 단수동사

each of + 관사 + 복수명사는 가능하지만,

every of + 관사는 불가능하다.

또한, 'every + 기수 + 복수명사'는 'every + 서수 + 단수명사'와 같다.

every other day = every second day	하루걸러
every day or two	1~2일마다
every week or two	1~2주마다
every fourth day = every four days	4일에 한 번 (사흘 걸러)

Every fifth man has a car.

다섯 사람에 한 사람 꼴로 차를 가지고 있다.

번역 올림픽 경기는 4년에 한 번 열린다.

2. 지시 대명사 that의 용법을 묻는 문제이다.

문장에서 앞에 나온 명사의 반복을 피하기 위해서 대명사 that을 쓴다.

(that) of Korea에서 that 은 앞에 나온 명사 climate을 가리킨다.

climate	기후
be different from	...와 다르다

번역 영국의 기후는 한국의 기후와 다르다.

3. 두 가지 중에서 하나는 one이고, 다른 하나는 the other이다.

assign	...을 할당하다, 배정하다, 임명하다
assignment	할당, 과제
General Affairs Division	총무과
Human Resources Division	인사과

번역 두 직원 중에서 한 사람은 총무과로 배정되었고, 다른 한 사람은 인사과로 배속되었다.

4. information은 셀 수 없는 명사이므로 부정관사나 복수형을 붙일 수 없다.

make a decision = decide 결심하다

번역 더 좋은 정보를 얻을 때까지 우리가 이것에 대해서 결정을 할 수 없다는 것은 자명하다.

5. 인칭대명사의 격을 묻는 문제이다.

because절 이하에서 동사가 나왔으므로 빈칸에는 주격 he가 와야 한다.

yearn	동경하다, 몹시 ...하고 싶어 하다 (to부정사를 목적어로 취하는 동사이다)
enamor	...의 마음을 빼앗다
be enamored of	...에 빠져 있다

번역 제주도의 경치에 홀딱 빠졌기 때문에 그는 제주도로 돌아가기를 갈망했다.

Unit 4

형용사

1 형용사의 용법

(1) 한정 용법: 명사의 앞이나 뒤에서 수식한다.

① 형용사 + 명사

We had dinner in a cheap restaurant.
우리는 값싼 식당에서 저녁을 먹었다.

② 명사 + 형용사

I make a use of the latest information available.
나는 유용한 최신 정보를 이용한다.

③ 부정대명사(anything, something, nothing) + 형용사

I have something special to tell you.
나는 네게 뭔가 말할 게 있어.

* 명사의 앞에서 수식하는 한정 형용사

elder	손위의	younger	손아래의
former	이전의	latter	나중의
live	생생한	lone	외로운
main	주요한	mere	단순한
only	오직	outer	외부의
sole	홀로	that	저것의
this	이것의	upper	상부의
utmost	최고의	utter	철저한
very	정말의	wooden	나무로 된
woolen	모직물의	inner	내부의

Singing is a mere livelihood for him.
노래 부르는 일은 그에게는 생계 수단에 불과하다.

(2) 서술 용법: 주격보어나 목적보어로 쓰인다.

This book is interesting. (주격보어)

이 책은 재미있다.

I found this book is interesting. (목적보어)

나는 이 책이 재미있다는 것을 알았다.

＊ 서술 용법으로만 쓰이는 형용사

afraid	두려운	alike	같은
alive	살아 있는	alone	혼자
ashamed	부끄러운	asleep	잠든
aware	알고 있는	awake	깨어 있는
content	만족하는	unable	...할 수 없는
liable	...하기 쉬운	worth	가치 있는
fond	좋아하는	able	할 수 있는

I'm afraid of going there by myself.

나는 혼자 거기에 가는 것이 두렵다.

2 보어 역할

(1) be, become, look, sound, taste, feel + 주격보어

He looks happy.

그는 행복해 보인다.

Job searches are becoming harder and harder.

일자리 구하기가 점점 더 어려워지고 있다.

(2) keep, make, find + 목적어 + 목적보어

He was found seriously wounded.
그는 중상을 입고 있었다.

The committee should make the rules simple.
위원회는 규칙을 간단하게 만들어야 한다.

3 한정 용법과 서술 용법에 따라 뜻이 달라지는 형용사

	한정 용법	서술 용법
late	고(故), 죽은	늦은, 지각의
present	현재의	참석한, 출석한
certain	어떤	확실한
ill	나쁜	아픈
right	오른쪽의	옳은, 맞은

(1) late

The late president Kenny lived in the house. (고(故) - 한정적)
고 케네디 대통령이 그 집에 살았다.

He was late for the meeting this morning. (늦은 - 서술적)
그는 오늘 아침 회의에 지각했다.

(2) present

Is he the present chairperson? (현재의 - 한정적)
그가 현재 의장입니까?

Many people were present at the party. (참석한 - 서술적)
많은 사람들이 파티에 참석했다.

(3) certain

A certain man has been waiting for you. (어떤 - 한정적)
어떤 사람이 당신을 기다리고 있어요.

It is certain that there was somebody outside the window. (확실한 - 서술적)
창밖에 누군가가 있는 게 확실하다.

(4) ill

Ill news runs apace. (나쁜 - 한정적)
나쁜 소식은 빨리 퍼진다.

She is gravely ill. (아픈 - 서술적)
그녀는 병이 위중하다.

(5) right

Hyejeon college is on your right side. (오른편 - 한정적)
혜전대학교는 당신의 오른편에 있어요.

You are right. (옳은 - 서술적)
맞았어요.

4 뜻이 헷갈리기 쉬운 형용사

industrial	산업의	industrious	부지런한
appreciable	평가할 수 있는, 상당한	appreciative	감사하는
desirable	바람직한	desirous	...하고 싶은
beneficent	선행을 하는, 인정 많은	beneficial	이로운, 유익한
historic	역사상에 남는	historical	역사의
classic	최고의	classical	고전적인
healthful	유익한, 건강에 좋은	healthy	건강한, 건전한
continual	끊임없는, 빈번한	continuous	연속의, 부단한
economic	경제의	economical	검소한, 경제적인
honorable	존경할 만한	honorary	명예상의
considerable	상당한	considerate	사려 깊은
credible	믿을 만한	credulous	쉽게 믿는, 잘 속는
comparable	필적하는, 견줄 만한	comparative	비교의
childish	유치한	childlike	순진한
enviable	부러워할 만한	envious	부러워하는
contemptible	경멸할 만한, 하찮은	contemptuous	멸시하는
memorable	기억할 만한, 중대한	memorial	기념의
momentary	순간의	momentous	중요한
objective	목적의	objectionable	반대할 듯한, 불쾌한
responsible	책임지는	responsive	반응하는
ingenious	솜씨 좋은	ingenuous	솔직한
respectful	공손한	respective	각각의
negligible	무시할 만한	negligent	소홀히 하는
regrettable	유감스러운, 애석한	regretful	후회하는, 뉘우치는
sensitive	예민한, 민감한	sensible	분별 있는, 현명한
intelligent	이성적인	intelligible	이해할 수 있는

conscious	의식 있는	conscientious	양심적인
confident	확신하는	confidential	비밀의
impressive	인상적인	impressionable	느끼기 쉬운
competent	능숙한	competitive	경쟁을 하는

5 부사로 착각하기 쉬운 형용사

• 명사 + -ly는 형용사이다.

명사	형용사	형용사 뜻
friend	friendly	친근한
time	timely	적절한
cost	costly	비싼
day	daily	매일의
man	manly	남자다운
love	lovely	사랑스러운

6 반드시 알아야 할 표현

be aware of	...을 알다	be likely to + V	...일 것 같다
be eligible for	...에 적격이다	be ready to + V	...할 준비가 되다
be able to + V	...할 수 있다	be responsible for	...을 책임지다
be capable of	...할 수 있다	be subject to + V	...하기 쉽다

EXERCISE   옳은 것을 고르시오.

1. 그녀는 광고에 관한 감독의 독창적인 생각에 감명받았다.

She was impressed with director's (creative/creativeness) ideas for the ads.

2. 우리의 가격은 그들의 가격과 견줄 만하다.

Our prices are (comparative/comparable) to theirs.

3. 그는 남들에 대해 이해심이 많다.

He is (considerate/considerable) of others.

4. 그들은 좀처럼 불평을 하지 않는다.

They are (economical/economic) of their complaint.

5. 벌과 개미는 부지런히 일한다.

Bees and ants are (industrial/industrious) workers.

6. 나는 내 업무에 아주 능숙하다.

I am very (competent/competitive) in my work.

7. 전자의 선택 사항이 훨씬 더 합리적일 것이다.

The former option would be much more (sensible/sensitive).

8. 내 그림은 네 그림에 견주니 유치하다.

My painting looks (childlike/childish) beside yours.

9. 그는 신뢰할 만한 동료가 상당히 많다.

He has so many (credulous/credible) colleagues.

10. 변명거리를 찾아낼 때 그녀는 매우 기발하다.

She's very (ingenious/ingenuous) when it comes to finding excuses.

Test

1. The solution to the problem us very (   ) to the development of our company.
     a. momently
                   b. momentous
     c. momentary
                   d. momentarily

2. Although it was raining heavily, Tim said that he must get to work (   ).
     a. somehow
                   b. with some method
     c. by no means
               d. in some way

3. The CEO is very (   ) person and everybody admires his strong leadership.
     a. respect
                   b. respectful
     c. respective
                d. respectable

4. The new theater will be (   ) by March 1.
     a. functional
                  b. function
     c. functionalize
              d. functioning

5. Thomas Shipping is not (   ) for delivery delays due to poor weather conditions.
     a. responding
                b. responsibility
     c. responsibly
              d. responsible

정답 1. b 2. d 3. d 4. a 5. d

해설

1. 부사 very가 수식하는 자리에 의미가 통하는 형용사를 고르는 문제이다.

momently	(Ad.) 잠시, 시시각각으로
momentarily	(Ad.) 잠깐, 끊임없이
momentous	(A.) 중대한, 중요한
momentary	(A.) 순간의, 찰나의

solution to ...에 대한 해결, 해법

'매우 중요한'의 뜻을 찾아야 하므로 정답은 very momentous이다.

번역 그 문제에 대한 해결이 우리 회사 발전에 매우 중요하다.

2.

somehow = by some means	그럭저럭
with some method	어떤 방법으로 (method는 이론적이고 체계적인 방법이라는 뜻)
by no means = not ...at all = never	결코 ...아닌
in some way	어떻게 해서든지, 그 어떤 방법으로

그러므로 빈칸에 알맞은 의미는 in some way가 된다.

get to work 직장에 가다

번역 비가 몹시 내리고 있었지만 팀은 어떻게 해서든지 직장에 가야 한다고 말했다.

3. 의미가 제대로 통하는 형용사를 고르는 문제이다.

admire	...을 칭찬하다, ...에 감탄하다
admiration	감탄, 칭찬
respect	존경, 존경하다
respectful	공손한
respective	각각의
respectable	훌륭한

'훌륭한 사람'은 respectable person이므로 정답은 d이다.

번역 그 사장은 매우 훌륭한 사람이어서 모든 사람들이 그의 강력한 통솔력에 감탄한다.

4. 이 문제는 '주어 + 동사 + 보어'를 찾는 문제이다.

보어 자리에는 명사와 형용사가 올 수 있다.

보어가 주어, 목적어와 동격이면 명사를 쓴다.

보어가 주어, 목적어의 성질이나 상태를 나타내면 형용사를 쓴다.

This phone is defective. (형용사가 주격보어)

이 폰은 결함이 있다.

I found the phone defective. (형용사가 목적보어)

나는 그 폰이 결함이 있다는 걸 알았다.

The company appointed him manager. (명사)

회사는 그를 매니저로 임명했다.

※ 그(him)와 매니저가 동격이므로 명사를 보어로 쓴다.

The president made the process complicated. (형용사)

사장은 절차를 복잡하게 만들었다.

※ 목적어(process)가 복잡한(complicated)상태가 되므로 형용사를 쓴다.

번역 새 극장은 3월 1일쯤에 운영할 것이다.

5. 빈칸에는 be동사(is)의 보어가 들어갈 자리다.

be동사와 빈칸 다음에 나오는 전치사 for와 어울려서 '...에 대해 책임을 지다'라는 뜻의 표현을 골라야 한다. 그 표현은 be responsible for이다.

따라서 정답은 d이다.

delivery	배달, 배송
delay	...을 지연시키다, 연기하다, (N.)지체, 지연
weather condition	기상 상태
due to	...때문에
respond	대답하다, 반응하다
response	응답, 반응

번역 토마스 배송 업체는 악천후로 인하여 배송이 지연되는 것에 책임을 지지 않는다.

토   익
기초 문법

Unit 5

부사

1 부사의 역할

- 대체로 형용사 + ly
- 문장에서 동사, 형용사, 다른 부사, 문장 전체를 수식한다.

(1) 동사를 수식한다.

He wants to learn English easily.
그는 영어를 쉽게 배우기를 원한다.

(2) 형용사를 수식한다.

The project was extremely successful.
프로젝트는 완전히 성공적이었다.

(3) 다른 부사를 수식한다.

All of the students study very hard.
모든 학생들이 매우 열심히 공부한다.

(4) 문장 전체를 수식한다.

Happily, he didn't die.
다행히도, 그는 죽지 않았다.

※ He didn't die happily.
그는 행복하게 죽지 못했다. (불행하게 죽었다)

2 혼동하기 쉬운 부사

high 높이 – highly 매우	hard 열심히 – hardly 거의 ...하지 않다
late 늦게 – lately 최근에	near 가까이 – nearly 거의

3 형용사와 형태가 같은 부사

단어	형용사	부사
early	이른	일찍
fast	빠른	빨리
hard	딱딱한, 어려운	단단히, 열심히
much	많은	많이
well	좋은, 건강한	잘
low	낮은, 비열한	낮게, 비열하게
long	긴	길게
big	큰	크게
wide	넓은	넓게
large	커다란	크게
right	옳은	올바로
enough	충분한	충분히
high	높은	높이

(1) fast

He is a fast runner. (빠른 – 형용사)
그는 빠른 선수다.

Do not drive fast. (빨리 – 부사)
급하게 운전하지 마라.

(2) early

I had early breakfast. (이른 – 형용사)
나는 이른 아침 식사를 했다.

Early to bed and early to rise makes a man healthy, wealthy and wise. (일찍 – 부사)
일찍 자고 일찍 일어나는 것이 사람을 건강하고 부유하고 현명하게 만든다.

(3) late

It is never too late to mend. (늦은 – 형용사)
잘못을 고치는 데 너무 늦은 건 없다.

Better late than never. (늦게 – 부사)
늦게라도 하는 것이 안 하는 것보다 낫다.

(4) hard

He is hard to please. (어려운 – 형용사)
그는 비위 맞추기가 어렵다.

It rained hard. (몹시 – 부사)
비가 몹시 내렸다.

(5) high

He always speaks in a high tone. (높은 – 형용사)
그는 항상 높은 목소리로 말한다.

Aim high and you will strike high. (높이 – 부사)
겨누는 곳이 높으면 맞는 곳도 높다.

4　주의해야 할 부사

(1) very

• 형용사, 부사, 현재분사를 수식한다.

She is very fond of flowers.
그녀는 꽃을 매우 좋아한다.

The soccer game was very exciting.
축구 경기는 매우 흥미진진했다.

(2) much

• 동사, 비교급, 과거분사를 수식한다.

She spoke much about the news.
그녀는 그 소식에 대해서 많이 얘기했다.

This is much better than that.
이게 저것보다 더 낫다.

The news is now much talked about.
그 소식은 이제 아주 많이 거론된다.

※ 과거분사가 동사의 성격이 완전히 없어진 형용사의 뜻으로 쓰이면 much가 아니라
   very로 수식한다.
   She is very disappointed at the news.
   그녀는 그 소식에 매우 실망했다.

(3) already

- 긍정문에 쓰인다.
- '벌써', '이미'의 뜻이다.
- 현재완료, 과거, 과거완료와 함께 쓰인다.

He has finished his homework already.
그는 벌써 그의 숙제를 끝냈다.

(4) yet

- 의문문, 부정문에 쓰인다.
- '벌써', '아직'의 뜻이다.

Have you finished your homework yet?
너는 숙제를 벌써 끝냈니?

No, I haven't finished my homework yet.
아니, 아직 안 끝냈어.

5   -ly가 붙어서 뜻이 달라지는 단어

close	가까이, 밀접하게	closely	긴밀하게
deep	깊게	deeply	매우
free	무료로	freely	자유롭게
hard	열심히	hardly	거의 ...하지 않다
high	높이	highly	매우
late	늦게	lately	최근에
near	가까이	nearly	거의
short	간략하게	shortly	곧
wide	넓게	widely	널리
most	가장	mostly	대부분
right	정확히	rightly	정당하게
direct	똑바로	directly	곧바로, 즉시
last	마지막에, 지난번에	lastly	마지막으로, 결국

The products were delivered late.
제품이 늦게 배달되었다.

She was deeply pained by the accusation.
그녀는 그 비난을 받고 몹시 고통스러웠다.

EXERCISE   빈칸을 채우거나 옳은 것을 고르시오.

1. 다행히도 그는 수업 전에 학교에 도착했다.

(   ), he got to school before the class.

2. 거의 4시가 다 되었다.

It's (   ) four o'clock.

3. 팀은 어젯밤에 리포트를 끝내기 위해 늦게까지 있었다.

Tim stayed (   ) to finish his report last night.

4. 의사에게 진찰받을 것을 적극적으로 추천한다.

Going to see a doctor is (high/highly) suggested.

5. 나는 학교 근처에 있는 은행에 갔다.

I went to the bank (nearly/near) my school.

6. 이곳에는 눈이 거의 내리지 않는다.

It (   ) ever snows here.

7. 최근에 여기에서 이상한 일들이 있었다.

There have been strange happenings here (lately/late).

8. 손흥민은 이미 축구 선수로 유명인이 되었다.

Son heungmin has (yet/already) distinguished himself as a soccer player.

9. 그녀는 건강이 급속도로 악화되었고, 얼마 지나지 않아 곧 죽었다.

Her health deteriorated rapidly, and she died (short/shortly) afterwards.

10. 그의 디자인은 심사 위원들로부터 많은 칭찬을 받았다.

His designs were (high/highly) commended by the judges.

정답 1. Happily   2. almost   3. late   4. high   5. near
6. hardly   7. lately   8. already   9. shortly   10. highly

Test

1. The CEO has (   ) approved the project after a long consideration.
  a. lastly   b. finally
  c. mostly   d. already

2. When he asked why she hadn't replied to his letter, he was shocked to
learn that she had not (   ) received it.
  a. yet   b. before
  c. already   d. still

3. The Auviet Hotel was too (   ) for my budget.
  a. expensive   b. expense
  c. expenses   d. expenditure

4. Ms. Sally (   ) reviews each article in the newspaper every morning.
  a. person   b. personally
  c. personal   d. personable

5. The research and development team will (   ) finish the automobile's
engine design.
  a. soon   b. still
  c. already   d. yet

정답 1. b 2. a 3. a 4. b 5. a

해설

1. 조동사와 과거분사 사이에 빈칸이 있으면 그 자리에는 부사가 들어가야 한다.

장고 끝에(after a long consideration) '마침내' 승인하는 것이므로 빈칸에는 부사 finally가 와야 한다.

lastly	(논술 따위에서) 마지막으로
mostly	주로
approve	인가하다, 승인하다

번역 사장은 장고 끝에 그 프로젝트를 재가했다.

2. 부사 yet의 쓰임새에 관한 용법이다.

yet은 주로 부정문, 의문문에 사용된다.

부정문에서는 '아직'의 뜻으로 쓰이고, 의문문에서는 '이미', '벌써'의 뜻이다.

여기서는 '그녀가 아직 그것을 받지 못했다'라는 의미로 yet을 써야 한다.

reply to	...에 답장하다
be shocked to부정사	...에 충격을 받다

번역 그가 그녀에게 자기 편지에 왜 답장을 안했냐고 물었을 때, 그는 그녀가 아직 편지를 못 받았다는 것을 알고서 충격을 받았다.

3. 이 문제에서 쓰인 too(너무)는 부사다.

부사가 수식할 수 있는 것은 다른 부사와 형용사인데 문제에서는 '너무 비싼'이라는 의미를 찾아야 하므로 정답은 형용사 expensive이다.

budget 예산

번역 아우비엣 호텔은 내 예산으로는 너무 비싸다.

4. 이 문장은 부사의 위치를 묻는 문제이다.

주어 Ms. Sally와 동사 reviews는 빈칸이 없어도 문법적으로 맞는 문장이다.

이렇게 주어와 동사 사이에 빈칸이 있으면 그 자리에 들어갈 품사는 부사다.

그러므로 정답은 personally다.

person	사람
in person	본인이 직접, 몸소, 실물은
in person class	대면 수업
personal affront = personal abuse	인신공격
personal	개인의
personally	자기 생각으로는, 직접, 친히
personable	모습이 아름다운, 품위 있는

She looks younger in person than on television.

그녀는 TV에서보다 실물이 더 젊어 보인다.

Nothing personal!

언짢게 생각 마! 개인적 감정은 없어!

Personally, I don't want to go.

나로서는 가고 싶지 않다.

번역 샐리 씨는 매일 아침에 신문에 있는 모든 기사를 직접 검토한다.

5. 미래시제를 나타내는 조동사 will이 있으므로 정답은 soon이다.

yet은 의문문과 부정문에서 주로 쓰인다.

already는 완료시제와 많이 쓰인다는 것을 명심하자.

research and development (R&D) 연구 개발

automobile = auto 자동차

번역 연구 개발팀은 곧 그 자동차의 엔진 디자인을 끝낼 것이다.

Unit 6

시제

1 현재시제

(1) 과학적 사실

Water consists of oxygen and hydrogen.
물은 산소와 수소로 이루어져 있다.

(2) 불변의 진리

The sun rises in the east.
해는 동쪽에서 뜬다.

(3) 현재의 습관, 반복적 사실

• always, usually, often 등과 함께 쓰인다.

He usually brushes his teeth three times a day.
그는 보통 하루에 세 번 양치질한다.

(4) 현재의 상황

I am very happy with you now.
지금 당신과 함께 있어서 매우 행복해요.

(5) 시간과 조건의 부사절에서는 현재시제가 미래를 대신한다.

Please call me when he **will come** back. (×)
Please call me when he **comes** back. (○) (시간 부사절)
그가 돌아오면 전화해 주세요.

I'll stay home if it **will rain** tomorrow. (×)
I'll stay home if it **rains** tomorrow. (○) (조건 부사절)
내일 비가 내리면 나는 집에 있을 것이다.

(6) 왕래, 발착동사 (go, start, leave, arrive, depart)는 현재시제를 쓴다.

My cousin ~~will arrive~~ (**arrives**) here at 5:00 in the morning.
내 사촌은 오전 5시에 여기에 도착할 것이다.

2 과거시제

- 형태는 규칙동사의 경우 '동사원형 + (e)d'이다.
- 불규칙동사는 반드시 암기해야 한다.

(1) 역사적 사실

Columbus went to America in 1492.
콜럼버스는 1492년에 아메리카에 갔다.

(2) 과거의 동작 및 상태

It rained a lot last night.
간밤에 비가 많이 내렸다.

(3) 과거시제와 함께 쓰는 부사/부사구

yesterday	어제	last week	지난주
last month	지난달	last year	작년
ago	전에	at that time	그 당시에
the other day	전날에		

The symposium ended yesterday.
심포지엄은 어제 끝났다.

He quit his job three weeks ago.
그는 3주 전에 일을 그만두었다.

I went to Thailand five years ago.
나는 태국에 5년 전에 갔다.

She stayed late last night.
그녀는 간밤에 늦게까지 안 잤다.

③ 현재진행

- 형태는 'be동사 현재형(am/are/is) + 동사원형 + ...ing'를 쓴다.

(1) 지금 진행 중인 동작을 나타낸다.

The doctor is examining a patient.
의사 선생님은 지금 환자 진료 중입니다.

(2) 가까운 미래를 표현할 때 쓴다.

I am having a party this weekend. Would you like to come?
이번 주말에 파티할 겁니다. 올래요?

④ 과거진행

- 형태는 'be 동사과거형(was, were) + 동사원형 + ...ing'이다.
- 과거 특정 시점에 진행 중인 동작을 나타낸다.

He was studying when I entered the room.
내가 방에 들어갔을 때 그는 공부를 하고 있었다.

5 진행형으로 쓸 수 없는 동사

(1) 존재나 소유동사

be	...이다	exist	존재하다
have	가지다	possess	소유하다
belong to	...에 속하다	live	살다
resemble	닮다		

I ~~am having~~ (**have**) much money.
나는 돈이 많다.

I **am having** special dinner with my family.
나는 가족과 특별한 저녁을 먹고 있다.

(2) 지각동사, 감각동사

see	보다	like	좋아하다
love	사랑하다	desire	바라다
prefer	...을 더 좋아하다		

(3) 사고, 지식동사

know	알다	mean	의미하다
understand	이해하다	believe	믿다
remember	기억하다	think	생각하다

I **am understanding** you. (×)
I **understand** you. (○)

6 현재완료

- 과거에 시작해서 지금까지 영향을 미칠 때 쓴다.

(1) 형태는 have/has + p.p.

He has worked for the company for 20 years.
그는 20년 동안 그 회사에서 일하고 있다.

(2) 현재완료시제와 함께 쓰는 부사

- ever, never, already, just, for, since

Have you ever been to Laos?
라오스에 갔다 온 적이 있습니까?

She has never been abroad.
그녀는 외국에 나가본 적이 없다.

I have just come here.
여기에 방금 왔다.

He was elected in 2010 and has been chairperson ever since.
그는 2010년에 선출된 이후 계속해서 회장을 맡고 있다.

(3) 현재완료와 과거시제의 차이

- 현재완료는 과거에 일어난 일이 현재까지 영향을 미치는 것이고, 과거시제는 단순한 과거 사실, 경험을 나타낸다.

She lost her cell phone last week. (**과거**)
그녀는 휴대폰을 분실했다. (지금 있는지 없는지 모름)

She has lost her cell phone. (현재완료)

그녀는 휴대폰을 분실했다. (그래서 지금은 없다)

* 현재완료에 주로 쓰이는 부사(구)들을 알아두자.

for	...동안
recently	최근에
for the last ten years	지난 10년간
since	...이래로
so far	지금까지
over the past years	지난 수년간

7 과거완료

- 과거의 어느 한 시점을 기준으로 그 이전에 이루어진 것을 나타낼 때 쓴다.
- 형태는 'had + p.p.'이다.

I **had lived** in Youngyang before I **moved** to Seoul.

  (과거완료)   (과거)

나는 서울로 이사 오기 전에 영양에서 살았다.

8 미래시제

• 미래에 일어날 일을 나타낸다.

(1) will(shall) + 동사원형

It will be scorching and humid.
내일은 폭염에 습도가 높을 거야.

(2) be going to + 동사원형

What are you going to do today?
오늘 뭐 할 거니?

I'm going to stay home.
집에 있을 거야.

(3) 미래시제와 함께 쓰는 부사/부사구

tomorrow	내일
next month	다음 달
in a few days	며칠 지나서
next week	다음 주
next year	내년
in ten minutes	10분 경과 후에

We are going to attend the meeting tomorrow.
우리는 내일 회의에 참석할 것이다.

The seminar will end in a few minutes.
세미나는 몇 분 후에 끝날 것이다.

EXERCISE 빈칸을 채우거나 밑줄 친 부분을 올바르게 고치시오.

1. 이 가방은 내 거다.

This bag <u>is belonging</u> to me.

2. 나는 지금 점심을 먹고 있다.

I (   )(   ) lunch now.

3. 김 선생님은 다음 주말에 뉴욕을 방문할 것이다.

Mr. Kim is (   ) New York next weekend. (visit)

4. 병원이 문 닫기 전에 가보거라.

You'd better go to the hospital before it <u>will</u> <u>close</u>.

5. 그는 한 시간 전에 커피를 두 잔 마셨다.

He (   ) two cups of coffee an hour ago.

6. 그는 항상 운전해서 학교에 간다.

He always (   ) to school.

7. 내일 나와 함께 미술관에 갈래?

(   ) you going to the art gallery with me tomorrow?

정답 1. belongs to   2. am, having   3. visiting   4. closes   5. drank = had
6. drives   7. Are

Test

1. His sister (   ) to New York.

   a. has gone not   b. has never been

   c. have not gone   d. have never been

2. I'm afraid that it (   ) rainy tomorrow.

   a. will be   b. is

   c. was   d. will

3. Let's go out (   ).

   a. if he came back.

   b. when he will come back.

   c. his coming back.

   d. when he comes back.

4. His grandfather (   ) five years ago.

   a. was died   b. had died

   c. dead   d. died

5. You can't begin the test until the professor (   ) so.

   a. shall say   b. will say

   c. says   d. is saying

1. b   2. a   3. d   4. d   5. c

해설

1. 현재완료의 형태는 'have/has + 과거분사'이다.

주어가 3인칭 단수이므로 조동사는 has가 나와야 한다.

조동사의 부정은 '조동사 + not'이다.

그러므로 has never been이 답이다.

번역 그의 여동생은 뉴욕에 갔다 온 적이 없다.

2. that 절에서 tomorrow가 쓰인 것으로 보아 미래를 뜻한다.

미래를 나타내는 조동사는 will이므로 '조동사 + 동사원형'의 형태가 되어야 한다.

그러므로 will be가 정답이다.

번역 내일 비가 올까 걱정이다.

3. 시간과 조건을 나타내는 부사절에서는 현재시제가 미래를 대신한다.

시간을 나타내는 대표 접속사		
when	before	until
as	as soon as	

'그가 돌아올 때'라는 시간을 나타나므로 현재시제인 comes back을 쓴다.

번역 그가 돌아올 때 나갑시다.

4. '...전에'를 뜻하는 ago는 항상 과거시제와 함께 사용한다.

'5년 전'이라는 과거를 나타내는 동사는 died이다.

번역 그의 할아버지는 5년 전에 돌아가셨다.

5. 5번 문제와 같이 시간을 나타내는 부사절은 현재시제가 미래를 대신한다는 것을 묻고 있는 문제이다. '교수가 그렇게 하라고 말할 때까지'라는 시간을 뜻하므로 현재형으로 써서 the professor says가 된다.

＊ 참고로 조건을 나타내는 부사절을 예를 들어 보자.

If it **will rain** tomorrow, he will not go out. (×)

이 문장이 틀린 이유는 조건을 나타내는 부사절에서는 현재시제가 미래를 대신한다고 했는데 미래시제를 사용했기 때문이다. 이 문장을 현재형으로 써보자.

If it **rains** tomorrow, he will not go out. (○)

만약 내일 비가 오면 그는 나가지 않을 것이다.

＊ 다음 문장을 보자.

I don't know when he comes home. (×)

I don't know when he will come home. (○)

나는 그가 언제 올지 모르겠다.

위의 예문은 시간을 나타내는 부사절이 아니라는 사실을 명심해야 한다.

when이하는 동사 know의 목적어 역할을 하는 명사절이기 때문에

현재시제를 쓰는 게 아니라 미래시제를 써야 한다.

[번역] 여러분은 교수가 하라고 할 때까지 시험을 시작하면 안 됩니다.

Unit 7

부정사

1　부정사의 종류

- **to부정사**: to + 동사원형을 말한다.
- **원형 부정사**: to가 붙지 않은 동사원형을 말한다.

2　to부정사

(1) 명사적 용법

① 주어 역할

To see is to believe.

보는 것이 믿는 것이다. 백문이 불여일견.

② 목적어 역할

He wants **to study** English very hard.

그는 영어를 매우 열심히 공부하기를 원한다.

③ 보어 역할

Her hobby is **to listen** to music.

그녀의 취미는 음악 감상이다.

(2) 형용사적 용법

- to부정사가 뒤에서 명사를 수식한다.
- 우리말 번역은 '...할'로 한다.

Can you tell me the best way **to master** English?

영어를 마스터할 최고의 방법을 알려주시겠습니까?

I have something **to tell** you.

당신에게 말할 게 있어요.

(3) 부사적 용법

① 목적 (...하기 위해서, ...하려고)

They come to school **to study** hard. (목적)
그들은 열심히 공부하기 위해서 학교에 온다.

② 원인 (...하고서)

She was greatly embarrassed **to hear** the news. (감정의 원인)
그녀는 그 소식을 듣고서 무척이나 당황했다.

③ 이유 (...하니)

He must be crazy **to do** so. (판단의 근거, 이유)
그가 그렇게 하다니 미쳤구나.

④ 조건 (...한다면)

To hear him speak English, you would take him for an American.
그가 영어를 말하는 것을 듣는다면 당신은 그를 미국사람으로 착각할 것이다.

⑤ 결과 (...하니 'to부정사' 하게 되었다)

wake up, grow, live + to부정사는 결과로 번역해야 한다.
to부정사를 목적으로 번역하는 오류가 허다하므로 주의를 해야 한다.

I **awoke up** one morning **to find** myself famous. (결과)
나는 어느 날 아침 일어나보니 내 자신이 유명해진 것을 알았다.

He **grew** up **to be** a CEO. (결과)
그는 자라서 CEO가 되었다.

Her grandmother **lived** to be 88 years old. (결과)
그녀의 할머니는 살아서 88살이 되었다.

⑥ only to + 동사원형 (...했지만 결과는 'to부정사' 다)

He studied hard **only to fail** the exam.

그는 열심히 공부했지만 시험에 떨어졌다.

③ to부정사의 의미상 주어

• 문장에서 to부정사를 행하는 주체를 말한다.

(1) 문장의 주어와 to부정사의 주어가 같을 때

I want <u>to love</u> him.

나는 그를 사랑하고 싶다.

※ 문장의 주어 I가 to love의 의미상 주어이다.

(2) 문장의 주어와 to부정사의 주어가 같지 않을 때

I want **you** <u>to love</u> him.

나는 당신이 그 사람을 사랑하기를 바란다.

※ 동사 want의 목적어인 you가 him을 사랑하는 것이므로 to love의 의미상 주어
　가 된다.

(3) It is/was + 형용사 + for + 목적격 + to부정사

• to부정사 앞에 나오는 전치사 for + 목적어가 의미상의 주어이다.

possible	가능한	difficult	어려운
hard	어려운	convenient	편리한
natural	당연한	easy	쉬운
necessary	필수의	impossible	불가능한
lucky	행운의	dangerous	위험한
desirable	바람직한	fortunate	운 좋은
important	중요한	interesting	재미있는
proper	적당한	reasonable	합리적인
useful	유용한	strange	이상한
surprising	놀라운	regrettable	후회스러운

It is <u>important</u> **for you** to solve the question right now.
당신이 지금 당장 그 문제를 푸는 게 중요하다.

(4) It is/was + 형용사 + of + 목적격

• 사람의 성격, 성향, 특성을 나타내는 형용사가 나올 경우에는 의미상의 주어로 전치사 of + 목적격으로 쓴다.

careful	주의 깊은	careless	부주의한
thoughtful	사려 깊은	thoughtless	생각 없는
kind	친절한	wise	현명한
foolish	어리석은	stupid	멍청한
silly	어리석은	polite	공손한
impolite	불손한	rude	무례한
cruel	잔인한	honest	정직한
wicked	사악한	clever	영리한
generous	관대한	considerate	신중한
bold	대담한	brave	용감한

It's very <u>nice</u> **of you** to help us.
저희를 도와주시니 당신은 매우 친절하시군요.

It was very <u>mean</u> **of you** to insult him.
그를 모욕하다니 당신은 아주 비열했어.

④ to부정사의 관용 표현

(1) too + 형용사/부사 + to부정사
• 너무 ...해서 ...할 수 없다, ...하기에는 너무 ...하다

This question is **too** difficult for him **to solve**.
= This question is **so** difficult **that** he **cannot** solve it.
이 문제는 너무 어려워서 그가 풀 수 없다.

(2) 형용사/부사 + enough + to부정사
• ...할 정도로 충분히 ...하다

You are smart **enough to make** a good choice for the school.
= You are **so** smart **that** you **can** make a good choice for the school.
당신은 학교를 위해서 훌륭한 결정을 할 정도로 충분히 똑똑하다.

to부정사를 목적어로 취하는 동사

afford	...할 여유가 있다	agree	동의하다
claim	요구하다, 주장하다	consent	동의하다
decide	결정하다	deserve	...할 만하다
determine	결정하다	fail	실패하다
intend	꾀하다	hope	희망하다
offer	제공하다	manage	경영하다
need	필요하다	prepare	준비하다
promise	약속하다	require	요구하다
seem	...인 것 같다	desire	바라다
seek	구하다	long	갈망하다
order	명령하다	happen	생기다
resolve	결심하다	demand	요구하다
plan	계획하다	refuse	거부하다
care	좋아하다	learn	배우다
pretend	...인 척하다	want	원하다
wish	소망하다	prefer	...을 더 좋아하다
attempt	시도하다	choose	고르다
hesitate	주저하다	expect	기대하다

Feel free to ask me if you have any questions.
질문이 있으면 주저하지 말고 질문하세요.

Would you **like to go** to the movies with me?
저와 같이 영화 보러 가시겠습니까?

be allowed to V	...하도록 허락받다
be advised to V	...하도록 충고를 듣다
be expected to V	...할 것이 예상되다
be invited to V	...하도록 초대되다
be planned to V	...하도록 계획되어 있다
be scheduled to V	...하기로 예정되어 있다
be told to V	..,하도록 말을 듣다
be asked to V	...하도록 요청받다
be encourage to V	...하도록 권장되다
be forced to V	...하도록 강요받다
be intended to V	...하도록 의도되다
be required to V	...하도록 요구되다
be supposed to V	...하기로 되어 있다

원형부정사

• to부정사에서 to를 뺀 동사원형을 원형부정사라고 한다.

• 사역동사와 지각동사의 목적보어로 쓰인다.

(1) 사역동사 + 목적어 + 원형부정사 형태: 목적어가 능동적으로 원형부정사를 행하는 것을 뜻한다.

make
let   } + 사람목적어 + 원형부정사
have

She **made** <u>me</u> ~~to bring~~ (**bring**) a thick book for her.

그녀는 나에게 두꺼운 책을 가져오라고 시켰다.

※ 목적어 me가 능동적으로 동사를 하므로 원형부정사 bring을 쓴다.

(2) 사역동사 + 목적어 + 과거분사 형태: 목적어가 수동적이므로 과거분사가 나온다.

make
let
have } + 사물목적어 + 과거분사 (p. p.)
get

I **had** <u>my car</u> ~~fix~~ (**fixed**) yesterday.

나는 어제 그녀의 차를 수리하라고 시켰다.

※ 목적어인 내 차가 수리를 받는 수동의 뜻이므로 과거분사를 써야 한다.

(3) 지각동사 + 목적어 + 원형부정사 형태: 목적어가 능동적으로 원형부정사를 행하는 것을 뜻한다.

$$\left.\begin{array}{l}\text{see}\\\text{watch}\\\text{hear}\end{array}\right\}\text{ + 사람목적어 + 원형부정사 (목적어가 능동적일 때)}$$

I **saw** <u>him</u> **enter** the room.
나는 그가 방에 들어가는 것을 봤다.

※ 목적어 him이 능동적으로 들어가는 것이므로 원형부정사를 쓴다.

(4) 지각동사 + 목적어 + 과거분사 형태: 목적어가 수동적이므로 과거분사를 쓴다.

$$\left.\begin{array}{l}\text{see}\\\text{hear}\\\text{watch}\end{array}\right\}\text{ + 사물목적어 + 과거분사 (p.p.)}$$

I **heard** <u>the window</u> **broken**.
나는 창문이 깨지는 소리를 들었다.

※ 목적어 window가 스스로 깨는 게 아니라 누군가에 의해서 깨지는 것이므로 수동 의미로 p.p.를 쓴다.

(5) 관형어구

① cannot but + 원형부정사 (...하지 않을 수 없다)
  = cannot help ...ing
I cannot but smile with wonder.
나는 경이로움으로 미소 짓지 않을 수 없었다.

② do nothing but + 원형부정사 (...하기만 하다)
He did nothing but wave at me.
그는 나에게 손을 흔들기만 했다.

③ had better + 원형부정사 (...하는 게 좋다, 약한 명령의 뜻이 있다)

You had better see a doctor before the bad cold gets worse.

독감이 더 악화되기 전에 병원에 가봐라.

④ would rather + A(원형부정사) + than + B(원형부정사)

  (B하기보다는 차라리 A하다)

I would rather wait and see than fight.

나는 싸우기보다는 차라리 기다리고 보겠다.

EXERCISE   빈칸을 채우거나 옳은 것을 고르시오.

1. 남산 주위를 보여줘서 고맙습니다.

Thank you for (to show/showing) me around Mt. Namsan.

2. 그는 그 일에 대해 할 말이 좀 있다.

He has something (   ) (   ) about the matter.

3. 그는 그의 아내를 위해 설거지를 하기로 결심했다.

He decided (doing/to do) the dishes for his wife.

4. 여러분은 많은 질문을 하도록 권장됩니다.

You (encourage to/are encouraged to) ask a lot of questions.

5. 매니저는 목요일에 전 직원이 한 시간 일찍 집에 가도록 허락했다.

The manager permitted all employees (to go/going) home an hour early on Thursday.

6. 그녀는 잃어버린 강아지를 찾지 못했다.

She failed (finding/to find) her lost puppy.

7. 내 셔츠를 세탁하도록 시켜야겠다.

I'd like to have my shirt (to clean/cleaned).

8. 그는 내가 매일 야근하기를 원했다.

He wanted me (work/to work) overtime every day.

Test

1. My boss wants me (　　　) a good job on the project.

　a. do　　　　　　　b. doing

　c. to do　　　　　　d. did

2. His talk is too difficult for me (　　　).

　a. to understand　　　　b. for understand it

　c. understand it　　　　d. for understanding

3. It is not wise (　　　) to be angry with him.

　a. for you　　　　　　b. to you

　c. that you　　　　　　d. of you

4. Have you decided when (　　　) to the new office?

　a. to move　　　　　　b. will move

　c. moving　　　　　　d. move

5. The manager asked the marketing team (　　　) the customer trends.

　a. analyze　　　　　　b. analyzed

　c. analyzing　　　　　d. to analyze

1. c   2. a   3. d   4. a   5. d

해설

1. 동사 want의 활용을 알아보자.

want + to부정사	...하기를 바라다
want + 목적어 + to부정사	...가 ...를 바라다

문제에서는 목적어인 me 가 to부정사를 하는 주체이다.

그래서 me to do로 써야 한다.

do a good job ...을 잘하다

번역 나의 상사는 내가 그 프로젝트를 잘하기를 바란다.

2. 'too + 형용사/부사 + to부정사'는 '너무 ...해서 ...할 수 없다'의 뜻이다.

so ...that ...cannot으로 바꾸어 쓸 수 있다.

주의할 점은 too ...to부정사는 단문이므로 문장 끝에 목적어를 쓸 수 없다.

하지만 so ...that ...cannot은 복문이므로 문장 끝에 목적어를 써야 한다.

This book is **too** difficult for you **to** understand. (○)

This book is **too** difficult for you **to** understand i̱ṯ. (×)

This book is **so** difficult **that** you **can't** understand it. (○)

This book is **so** difficult **that** you **can't** understand. (×)

번역 그의 말은 내가 이해하기에는 너무 어렵다.

3. 'It is + 형용사 + 전치사 + of/for + 목적격 + to부정사'의 구문에서 to부정사의 의미상의 주어를 표시할 때 목적격 앞에 쓰이는 전치사는 앞에 나오는 형용사에 따라 결정된다.

사람의 성격, 성향, 특성을 나타내는 '형용사 + of + 목적격'의 형태인데 이러한 형용사가 더 적으므로 이것을 확실히 안다면 나머지는 모두 '형용사 + for + 목적격'으로 익히면 된다.

번역 네가 그에게 화를 내는 것은 현명하지 않다.

4. 동사 decide의 활용을 알아보자.

decide + to부정사	...을 결심하다
decide + 목적어 + to부정사	...을 결심하게 하다
decide + 의문사 + to부정사	의문사 할지를 결정하다

문제에서 decided when to move = decided when he should move로 써도 마찬가지다.

번역 새로운 사무실로 언제 옮길지 결정했어요?

5. 동사 ask의 쓰임새는 다음과 같다.

ask + to부정사	...하기를 요청하다
ask + 목적어 + to부정사	...가 ...하기를 요구하다

analyze 분석하다

analysis 분석

analyst 분석가

번역 매니저는 판매 부서가 고객 트렌드를 분석하라고 요청했다.

토 익
기초 문법

Unit 8

동명사

1 동명사의 용법

- 형태는 '동사원형 + ing'이다.
- 문장에서 주어, 목적어, 보어 역할을 한다.

(1) 주어

Speaking English fluently will help you to find a job.
영어를 유창하게 말하는 것은 일자리를 구하는 데 도움을 줄 것이다.

(2) 목적어

Would you mind **calling** me later?
나중에 전화해 주시겠습니까?

(3) 보어

Seeing is **believing**.
보는 것이 믿는 것이다.

(4) 동명사는 목적어를 취할 수 있다.

Achieving <u>his</u> <u>dream</u> was difficult.
그의 꿈을 이룬 것은 어려웠다.

※ 동명사는 목적어를 취하므로 맞는 문장이다.

※ **Achievement** his dream was difficult. (✕)
　　명사는 목적어를 취할 수 없으므로 틀린 문장이다.

2 동명사의 의미상 주어

- 동명사의 의미상 주어는 동명사를 행하는 주체를 뜻한다.
- 보통 '소유격 + 동명사'로 나타낸다.

(1) 문장 주어 = 동명사의 의미상 주어

- 문장에서 동명사를 행하는 주체가 주어이면 의미상의 주어는 생략한다.

  Would you mind **opening** the window?
  창문 좀 열어 주시겠습니까?

  ※ 주어 you가 opening의 주체이므로 소유격을 생략한다.

(2) 문장의 주어와 동명사의 의미상 주어가 같지 않을 때

- 문장의 주어와 동명사의 의미상 주어가 일치하지 않을 때에는 소유격이나 목적격으로 나타낸다.

  Would you mind **my opening** the window? (소유격)
  제가 창문을 좀 열어도 되겠습니까?

  ※ 주어 you와 opening의 주체가 다르다.
     그러므로 소유격 my를 써서 동명사의 주체를 밝혀준다.

  I am sorry about ~~your~~ (**you**) <u>being treated</u> that way. (목적격)
  당신이 그런 식으로 대우받은 것에 대하여 죄송하게 생각합니다.

  ※ 의미상의 주어가 수동태형의 동명사인 경우에는 목적격으로 쓴다.

3   동명사를 목적어로 취하는 동사

finish	끝내다	give up	포기하다
discontinue	그만두다	quit	그만두다
stop	멈추다	risk	...을 각오하고 해보다
dislike	싫어하다	propose	제안하다
resist	저항하다	put off	연기하다
postpone	연기하다	delay	...을 지연시키다
admit	허용하다	advocate	주창하다
consider	고려하다	appreciate	감사하게 생각하다
enjoy	즐기다	deny	부정하다
imagine	상상하다	recall	회상하다
practice	실천하다	suggest	제안하다
recommend	추천하다	continue	계속하다

The company is considering ~~to relocate~~ (**relocating**) production facilities to cut down on shipping costs.

그 회사는 선적 비용을 줄이기 위해서 생산 설비를 재배치할 것을 고려하고 있다.

4 동명사와 to부정사를 둘 다 목적어로 취할 수 있는 동사

begin	시작하다	continue	계속하다
like	좋아하다	love	사랑하다
start	시작하다	propose	제안하다
hate	미워하다	prefer	...을 더 좋아하다
stop	멈추다	try	노력하다
remember	기억하다	forget	잊다
regret	후회하다	permit	허용하다

He can begin **working(to work)** with us from next Monday.
그는 다음 주 월요일부터 우리와 함께 일을 시작할 수 있다.

5 동명사와 to부정사를 둘 다 목적어로 취하지만 뜻이 달라지는 동사

	동명사	to부정사
remember	...했던 것을 기억하다 (과거)	...할 것을 기억하다 (미래)
forget	...했던 것을 잊다 (과거)	...할 것을 잊다 (미래)
stop	...하는 것을 그만두다, 끊다	...하기 위하여 멈추다 (목적)
try	시험 삼아 ...해보다	...하려고 노력하다
regret	후회하다	유감스럽게도 ...이다

(1) remember

I remembered posting my letter. (과거)
나는 편지를 부친 것을 기억했다.

I remembered to post my letter. (미래)
나는 편지를 부칠 것을 기억했다.

(2) forget

I will never forget seeing her at the party. (과거)
파티에서 그녀를 만났던 것을 결코 잊지 못할 것이다.

Don't forget to mail the letter on your way home. (미래)
집으로 오는 길에 편지 부치는 것을 잊지 마라.

(3) stop

He stopped drinking.
그는 술을 끊었다.
※ 동명사는 그 자체를 그만두었다는 뜻이므로 금주했다는 뜻이다.

He stopped to drink.
그는 술을 마시기 위하여 멈췄다.
※ to부정사는 '...하기 위하여'라는 목적의 뜻이므로 술을 마시기 위하여 하던 일을 멈추었다는 의미이다.

(4) try

Just try feeling the surface.
그냥 표면을 만져보기만 해.

Don't try to explain.
변명하려고 애쓰지 마.

(5) regret

I regret having spent the money.
= I regret that I have spent the money.
나는 그 돈을 쓴 것을 후회한다.

I regret to say that he did not pass the examination.
유감스럽게도 그는 시험에 합격하지 못했습니다.

6 동명사의 관용 표현

관용표현	의미
be accustomed to ...ing	...에 익숙하다
be used to ...ing	
get used to ...ing	
be aware of ...ing = know	...알고 있다
be busy (in) ...ing	...하느라 바쁘다
be engaged (in) ...ing	
be capable of ...ing	...할 수 있다
be able to부정사	
be committed to ...ing	...에 전념하다, 헌신하다
be dedicated to ...ing	
be devoted to ...ing	
be opposed to ...ing	...에 반대하다
be worth ...ing	...할 가치가 있다
be worthy of ...ing	
deserve ...ing	
cannot help ...ing	...하지 않을 수 없다
cannot but 동사원형	
contribute to ...ing	...에 기여하다
have difficulty (in) ...ing	...하느라 애를 먹다, ...하느라 어려움을 겪다
have trouble ...ing	
have bother ...ing	
have a hard time ...ing	

insist on ...ing	...를 주장하다
instead of ...ing	...하는 대신에
It is no use ...ing	...해도 소용없다
It is of no use to부정사	
feel like ...ing	...하고 싶다
look forward to ...ing	...를 고대하다
It goes without saying that ...	...은 말할 것도 없다
make a point of ...ing	...하는 것을 규칙으로 하고 있다
never A without ...ing	A하면 반드시 ...하다
object to ...ing	...에 반대하다
of one's own ...ing	손수 ...한
On (Upon)...ing	...하자마자
There is no ...ing	결코 ...하지 않다
When it comes to ...ing	...를 말할 때
spend time ...ing	...하는데 시간을 쓰다
spend money ...ing	...하는데 돈을 쓰다
What do you say to ...ing	...하는 게 어때요?
What about ...ing	
How about ...ing	
What do you think of(about) ...ing?	
prevent A from ...ing	A가 ...하지 못하게 막다
keep A from ...ing	
stop A from ...ing	
prohibit A from ...ing	
hinder A from ...ing	

I **am accustomed to driving** in this country.

= I get used to driving in this country.

= I become to driving in this country.

나는 이 나라에서 운전하는 데 익숙해져 있다.

He **is well aware of being** treated like a winner.
그는 승자처럼 대우받는 이유를 잘 알고 있다.

She will **be busy** next Sunday **preparing** for a journey.
그녀는 다음 주 일요일에 여행 준비로 바쁠 것이다.

I **am engaged meeting** every morning.
매일 아침 회의하느라 바쁘다.

He **is capable of stealing**.
그는 도둑질도 불사할 사람이다.

They **were committed to keeping** world piece.
그들은 세계 평화를 지키는데 헌신했다.

Don't you think we should accelerate the project, as **opposed to asking** for a time extension?
시간 연장을 요청하는 것 대신 프로젝트에 속도를 내야 한다고 생각하지 않으세요?

Whatever **is worth doing** at all, **is worth doing** well.
적어도 해볼 가치가 있는 일이면 훌륭히 할 가치가 있다.

I **couldn't help admiring** him.
그에게 감탄하지 않을 수 없었다.

We **contributed** much money **to relieving** the poor.
우리는 가난한 사람들을 구제하기 위해 많은 돈을 기부했다.

He **has** a great **difficulty in recalling** names of persons.
그는 사람 이름을 기억하는 데 무척 고생을 한다.

They **insisted on working** late.
그들은 밤늦게까지 일하겠다고 우겼다.

You should have shot **instead of passing**.
너는 패스하지 말고 슛을 했어야 했어.

It is no use crying over spilt milk.
= **It is of no use to cry** over spilt milk.
이미 엎질러진 물이다.

I **feel like drinking** with you after class.
수업 끝나고 너와 함께 한잔 하고 싶어.

I am very **looking forward to meeting** you in person to discuss the matter.
저는 그 문제를 논의하기 위하여 당신을 직접 만나기를 몹시 고대합니다.

He **makes a point of swimming** every morning.
그는 매일 아침 수영하는 것을 규칙으로 하고 있다.

It **never rains without pouring.**
비가 오면 반드시 퍼붓는다.

We **objected to accepting** the proposals.
우리는 그 안건들을 받아들이는 것에 반대했다.

There is not a profession **of his own choosing**.
그 직업은 그가 직접 선택한 것이 아니다.

On going into dark room the light we see very little.
밝은 곳에서 어두운 방으로 들어간 직후에는 눈이 거의 보이지 않는다.

There is no telling what will happen next.
다음에 무슨 일이 생길지 아무도 알 수 없다.

When it comes to getting things done, they are useless.
일을 성사시키는 것에 있어서 그들은 쓸모가 없다.

I **spent the time reading**.
나는 독서하느라 시간을 보냈다.

What do you say to taking a walk?
산책을 좀 할까요?

What about playing computer games?
컴퓨터 게임 어때?

How about going hiking?
등산 갈래?

What do you think of trying Korean food?
한국 음식을 먹어 보는 건 어때요?

What **prevented you from coming**?
= What **prevented your coming**?
= What **prevented you coming**?
어째서 올 수 없었니?

EXERCISE   옳은 것을 고르시오.

1. 나는 그와 사랑에 빠지지 않을 수 없다.

I cannot help (to fall in love/falling in love) with him.

2. 그녀는 여가에 온라인 쇼핑으로 많은 시간을 보낸다.

She spends much time (to shop/shopping) in her free time.

3. 외식하고 싶니?

Do you feel like (to eat/eating) out?

4. 그녀는 새로운 시설들을 짓는 것에 반대했다.

She was opposed (to build/building) new facilities.

5. 공부할 때는 휴대폰 사용을 피해라.

You should avoid (to use/using) your cell phone while studying.

6. 노인들은 인터넷 서핑을 하는 데 익숙지 않다.

The old are not accustomed (to surf/surfing) the Internet.

7. 이 책은 두 번 읽을 가치가 있다.

This book is worth (to read/reading) twice.

8. 그는 야근을 꺼리지 않는다.

He doesn't mind (to work/working) overtime.

9. 일을 그만두겠다고 생각해 본 적 있어요?

Have you ever considered (to quit/quitting) your job?

10. 지도교수님은 현장 실습 가는 것을 제안하셨다.

My supervisor suggested (to go/going) field practice.

정답 1. falling in love   2. shopping   3. eating   4. building   5. using
6. surfing   7. reading   8. working   9. quitting   10. going

Test

1. Did you go (   ) a bike last weekend?

  a. to riding   b. riding

  c. for riding   d. on riding

2. She gave up (   ) the computer and decided (   ) a new one.

  a. fix, buy   b. to fix, to buy

  c. fixing, buying   d. fixing, to buy

3. We'll soon get used to (   ) here.

  a. living   b. be lived

  c. live   d. lived

4. The BTS must be busy (   ) fan letters from various parts of the world.

  a. in answer   b. by answering

  c. to answer   d. answering

5. Last summer they enjoyed (   ) through Europe by train.

  a. travel   b. traveling

  c. to travel   d. traveled

정답 1. b 2. d 3. a 4. d 5. b

해설

1. go ...ing에 관한 표현을 알고 있는지 묻는 문제이다.

'자전거 타러 가다'라는 표현은 'go riding a bike'이다.

go fishing	낚시하러 가다
go boating	뱃놀이하러 가다
go mountain-climbing	등산하러 가다
go picnicking	소풍하러 가다
go swimming	수영하러 가다
go shopping	쇼핑하러 가다
go hiking	하이킹하러 가다
go hunting	사냥하러 가다
go shooting	사격하러 가다
go skating	스케이트 타러 가다
go skiing	스키 타러 가다
go skateboarding	스케이트보드 타러 가다

번역 지난 주말에 자전거 타러 갔었니?

2. give up은 동명사를 목적어로 취한다.

decide는 to부정사를 목적어로 받는 동사다.

그러므로 gave up fixing과 decided to buy가 와야 정답이다.

* 동명사를 목적어로 취하는 대표 동사

stop	postpone	put off	finish
imagine	mind	enjoy	consider
avoid	deny	admit	escape

＊ to부정사를 목적어로 취하는 대표 동사

wish	care	want	hope
choose	decide	plan	refuse
intend	expect	learn	agree

번역 그녀는 컴퓨터 고치기를 포기하고 새것을 사기로 결심했다.

3. '...하는 데 익숙하다'라는 표현은 get used to ...ing이다.

동사 get 대신에 be나 become을 써도 된다.

다만 be used to부정사와 혼동해서는 안 된다.

be used to부정사는 '하기 위하여 사용된다'라는 뜻이므로

'...하는 데 익숙하다'는 뜻과는 다르다.

It cannot be used to bond wood to metal.

나무를 금속에 접착시킬 때는 그것을 사용할 수 없다.

Some vegetables are used to feed rabbits in my village.

우리 마을에서 어떤 채소들은 토끼에게 먹이기 위하여 사용된다.

번역 우리는 곧 여기에서 사는 데 익숙해질 것이다.

4. '...하느라 바쁘다'는 be busy (in) ...ing로 나타낸다.

전치사 in은 주로 생략을 많이 한다.

must be busy in answering fan letters로 써도 좋다.

번역 방탄소년단은 전 세계에서 오는 팬레터에 답장하느라 바쁘다.

5. enjoy는 동명사를 목적어로 취하는 동사이므로 enjoy traveling으로 써야 한다.

번역 지난여름에 그들은 기차로 유럽을 여행했다.

Unit 9

분사

1 분사의 종류

(1) 현재분사

- 형태: 동사원형 + ...ing
- 의미: '...하는', '...하게 하는'의 뜻으로 진행과 능동의 의미를 나타낸다.

She is **washing** the dishes. (진행)
그녀는 설거지를 하고 있다.

The **exciting** soccer game made me happy. (능동)
흥미진진하게 하는 축구 경기가 나를 기분 좋게 했다.

(2) 과거분사

- 형태: 동사의 p.p.(과거분사)
- 의미: '...된', '...해진'의 뜻으로 완료와 수동을 나타낸다.

The street was **filled** with a lot of fallen leaves. (완료)
거리는 낙엽으로 가득 차 있다.

Left alone, he began to write a letter. (수동)
= When he was **left** alone, he began to write a letter.
혼자 남겨지자 그는 편지를 쓰기 시작했다.

2 분사의 용법

(1) 분사가 뒤에 있는 명사를 수식한다.

Look at the **swimming** professor!
수영하고 있는 교수님 좀 봐!

※ 현재분사가 뒤에 나오는 명사를 수식한다.

The **wounded** man died on the way to the hospital.
부상당한 사람이 병원으로 가는 도중에 죽었다.

※ 과거분사가 뒤에 나오는 명사를 수식한다.

Did you watch the movie, 'A **Broken** Arrow'?
'부러진 화살'이라는 영화 봤어요?

(2) 분사가 앞에 있는 명사를 수식한다.

• 분사가 명사 뒤에서 앞에 있는 명사를 수식하는 경우에는 명사와 분사사이에 '주격관
계대명사 + be동사'가 생략된 것이다.

The girl (who is) **drinking** coffee is my student.
커피를 마시고 있는 여자는 내 학생이다.

The concert (which was) **given** by the philharmonic orchestra was a great
success.
필하모니 오케스트라가 연주한 그 콘서트는 대성공이었다.

3 분사의 보어 역할

- 문장에서 주격보어나 목적보어로 쓰인다.
- 능동이면 현재분사, 수동이면 과거분사를 쓴다.

(1) 주격보어

The baby kept crying all night. (능동)
아기는 밤새 울었다.

She seemed ~~overwhelming~~ (**overwhelmed**) by the Niagara Falls. (수동)
그녀는 나이아가라 폭포에 압도당한 것처럼 보였다.
 ※ 그녀가 압도하는 것(overwhelming)이 아니라 폭포에 압도당하는 것이므로 수
  동으로 표현한다.
   be overwhelmed by ...에 압도당하다

I was so **scared** at that time. (수동)
나는 그 당시 무척 두려웠다.

(2) 목적보어

I saw her **singing** in the classroom. (능동)
나는 그녀가 강의실에서 노래 부르는 것을 봤다.

He could not make himself ~~understand~~ (**understood**) to the audience. (수동)
그는 청중에게 자신을 이해시킬 수 없었다.
 ※ 청중을 이해시켜야 하는 것이므로 수동으로 표현해야 한다.
   make oneself understood to ...에게 ...의 말을 이해시키다

He had his photo copier **fixed** yesterday. (수동)
그는 복사기를 고치라고 시켰다.

4 분사 구문

• 분사 구문은 '접속사 + 주어 + 동사' 형태의 부사절을 '접속사 + 분사' 형태의 구로 만드는 것이다.

＊ 분사 구문 만드는 방법

1	주절의 주어와 부사절의 주어가 같을 때	주절의 주어 생략
		부사절 접속사 생략
		부사절 조동사 생략
2	주절 시제와 부사절 시제가 같을 때	단순 분사 구문 (동사원형 ...ing)
3	주절 시제와 부사절 시제가 같지 않을 때	완료 분사 구문 (having + p.p.)
4	주절 주어와 부사절 주어가 같지 않을 때	부사절 주어를 그대로 쓴다 (독립 분사 구문)

(1) 단순 분사 구문

• 주절의 시제와 부사절의 시제가 같을 때 쓴다.
• '동사원형 + ...ing의' 형태다.

As he <u>lives</u> in the country, he <u>is</u> very healthy.

→ **Living** in the country, he is very healthy.

시골에 살고 있어서 그는 매우 건강하다.

Although she <u>understood</u> your situation, she <u>couldn't</u> forgive you.

→ **Understanding** your situation, she couldn't forgive you.

비록 그녀가 너의 상황을 이해했다 하더라도 그녀는 너를 용서할 수가 없었다.

(2) 완료 분사 구문

• 주절의 시제와 부사절의 시제가 다를 때 쓴다.
• 'having + p.p.'의 형태이다.

After I <u>had</u> <u>prepared</u> tomorrow's lessons, I <u>went</u> to bed late.
→ **Having prepared** tomorrow's lessons, I went to bed late.
내일 수업을 준비한 후에, 나는 늦게 잠이 들었다.

Since <u>there</u> <u>was</u> no one to help me, I <u>had</u> to do it all done.
→ **There being** no one to help me, I had to do it all done.
나를 도와줄 사람이 없었기 때문에 나는 그것을 나 혼자 해야 했다.

※ 주절의 주어와 부사절의 주어가 다를 경우에는 부사절의 주어를 생략하지 못한다.

⑤ 현재분사와 동명사의 차이점

① 형태는 '동사원형 + ing'로 같다.
② 명사를 수식하는 형용사 역할은 현재분사다.
③ 용도, 목적(…하기 위하여)을 의미하면 동명사이다.

a <u>sleeping</u> **baby** (현재분사)
= a baby who is sleeping
잠을 자고 있는 아기

a sleeping car (**동명사**)
= a car which is used for sleeping
잠을 자기 위해서 사용되는 차(열차에서 침대 칸)

6 감정을 나타내는 분사

• 대상이 사물일 때에는 현재분사, 사람일 때에는 과거분사를 쓴다.

원형	현재분사	과거분사	의미
amaze	amazing	amazed	놀라게 하다
amuse	amusing	amused	재미나게 하다
bore	boring	bored	지루하게 하다
confuse	confusing	confused	혼란스럽게 하다
disappoint	disappointing	disappointed	실망시키다
depress	depressing	depressed	우울하게 하다
excite	exciting	excited	흥분시키다
fascinate	fascinating	fascinated	황홀하게 하다
embarrass	embarrass	embarrass	당황하게 하다
encourage	encouraging	encouraged	격려하다
interest	interesting	interested	재미있게 하다
please	pleasing	pleased	기쁘게 하다
frighten	frightening	frightened	놀라게 하다
surprise	surprising	surprised	놀라게 하다
exhaust	exhausting	exhausted	쇠진케 하다
satisfy	satisfying	satisfied	만족시키다
shock	shocking	shocked	충격을 주다
tire	tiring	tired	피곤하게 하다
annoy	annoying	annoyed	짜증나게 하다
alarm	alarming	alarmed	놀라게 하다
dismay	dismaying	dismayed	허둥대게 하다
frustrate	frustrating	frustrated	좌절하게 하다
relax	relaxing	relaxed	편안하게 하다

The novel is boring.

소설은 지루하다.

I'm much interested in swimming.

나는 수영에 관심이 많다.

He looked annoyed.

그는 귀찮아 보였다.

When we are ~~tiring~~ (**tired**), a cup of tea is very ~~refreshed~~ (**refreshing**).

우리가 피곤할 때에는 차 한 잔이 매우 기운을 돋게 한다.

※ 주어가 사람일 경우에는 과거분사, 사물일 때는 현재분사를 쓴다.

EXERCISE   빈칸을 채우거나 옳은 것을 고르시오.

1. 그는 그 연구에 매우 흥분되었다.

He is very (exciting/excited) about the research.

2. 그것은 정말로 끔찍한 사고였다.

It was a really (terrified/terrifying) accident.

3. 영어는 세계적인 언어로 구사된다.

English is (speaking/spoken) as an international language.

4. 그 배는 망가진 상태다.

The ship is in (damaging/damaged) condition.

5. 관객들은 그 콘서트에 열광했다.

The audience (were/was) excited about the concert.

6. 휴가 가기 전에 너는 상사에게 보고해야 한다.

Before (gone/going) on vacation, you should report it to the boss.

7. 민요 경연 대회에 세 명의 참가자가 남아 있다.

There are three (remained/remaining) participants in the folk song concours.

8. 빨간 모자를 쓰고 있는 남자는 그녀의 남자 친구다.

The guy (worn/wearing) red cap is her boyfriend.

9. 회사에 들어갈 때에 신분증을 제시해야 한다.

(Entered/Entering) the company, you should present an I. D. card.

10. 있을 때 잘해라.

Do your best when you are with me.

= Do your best (   ) with me.

정답 1. excited   2. terrifying   3. spoken   4. damaged   5. was
6. going   7. remained   8. wearing   9. Entering   10. being

Test

1. Generally (   ), we had a heavy rain this summer.

a. speaking   b. telling

c. talking   d. saying

2. All the people agreed that the performance was really (   ).

a. shocked   b. shock

c. to shock   d. shocking

3. The girls (   ) in the classroom are my former students.

a. read   b. to read

c. reading   d. have read

4. She (   ) the room by anyone.

a. wasn't noticed to entering   b. wasn't noticed to enter

c. didn't notice enter   d. didn't notice to enter

5. Most people can't walk in a straight line with their eyes (   ).

a. to close   b. closing

c. close   d. closed

해설

1. 비 인칭 독립분사구문에 관한 문제이다.

비 인칭 독립분사구문은 주절의 주어와 부사절의 주어가 다르지만

부사절의 주어가 일반적인 사람일 경우에 생략한다.

generally speaking	일반적으로 말해서 (=대체로)
strictly speaking	엄밀히 말해서
frankly speaking	솔직히 말해서
judging from	...으로 판단하건대
considering	...을 고려할 때
taking all things into consideration	만사를 고려해 보면

Strictly speaking he is an amateur, not a professional.

= If we speak strictly, he is an amateur, not a professional.

엄밀히 말하면 그는 프로가 아니라 아마추어다.

번역 대체로 이번 여름은 비가 많이 왔다.

2. 감정을 나타내는 분사에 관한 문제이다.

사람이 주어일 때와 수식받는 명사가 사람일 때는 과거분사(p.p.)를 쓴다.

사물이 주어이거나 수식받는 명사가 사물이면 현재분사(동사원형 + ...ing)를 쓴다.

that절에서는 the performance라는 사물이 주어이므로 shocking을 써야 한다.

번역 모든 사람들은 그 공연이 정말로 충격적이었다고 입을 모았다.

3. 분사가 뒤에서 앞에 나오는 명사를 수식하는 문장에서 알맞은 형태를 고르는 문제이다.

사람 주어 the girls가 능동적으로 행하므로 현재분사 reading을 써야 한다.

이때 주어와 현재분사 사이에는 관계대명사 주격과 be동사를 생략할 수 있다.

The girls who are reading in the classroom are my former students.

= The girls reading in the classroom are my former students

번역 강의실에서 책을 읽고 있는 여학생들은 내가 전에 가르치던 학생들이다.

4. 지각동사의 수동태를 아는지 묻는 문제이다.

지각동사의 수동태형은 'be동사 + 과거분사 + to + 동사원형'이다.

지각동사의 활용에 대해서 정리를 해보자.

1. 지각동사 + 사람목적 + 동사원형	목적어가 ...하다
2. 지각동사 + 사람목적 + ...ing	목적어가 ...하다 (...ing 강조)
3. 지각동사 + 사물목적 + 과거분사(p.p.)	사물이 ...되다 (수동)

지각동사에는 notice, see, hear, watch, feel 등이 있다.

그러므로 문제에서는 wasn't noticed to enter가 된다.

4번을 능동태로 고쳐보자.

Anyone didn't notice her enter the room.

= No one noticed her enter the room.

번역 아무도 그녀가 방에 들어가는 것을 알아채지 못했다.

5. '...을 ...한 채로'라는 뜻으로 'with + 명사 + 분사'의 구문 형태로 쓴다.

이때 명사와 분사의 관계가 능동이면 현재분사로, 수동이면 과거분사로 쓴다.

5번의 문제에서 그들의 눈을 감은 채로라는 표현을 하려면

과거분사 형태로 with their eyes closed를 써야 한다.

번역 대부분의 사람들은 눈을 감은 채로 똑바로 걸을 수 없다.

Unit 10

수동태

1 능동태와 수동태

• 주어가 동사의 행위를 하는 주체일 경우에 능동태 문장을 사용한다.
• 주어가 동사의 행위의 대상이 되는 경우에 수동태 문장을 사용한다.

(1) 능동태 문장을 수동태로 바꾸는 방법

• 능동태: 주어 + 동사 + 목적어
• 수동태: 목적어 + be동사 + 과거분사(p.p.) + by + 주어(인칭대명사는 목적격)
• 의미는 목적어는 주어에 의해 과거분사 당했다는 뜻이다.

   I called my manager who was on holiday. (능동태)
   나는 휴가 중인 매니저에게 전화를 걸었다.

     → My manager who was on holiday was called by me. (수동태)
       휴가 중인 매니저는 나에게서 전화를 받았다.

(2) 수동태로 문장을 전환할 때 수동태에 쓰이는 be동사의 시제는 능동태 동사 시제에 따른다.

• 능동태 동사 시제가 called로 과거이므로 수동태에서는 be동사가 was이다.
• by 다음에 오는 주어의 자리에는 능동태의 주어가 I이므로 목적격 me로 쓴다.
• 사람의 이름일 경우에는 그대로 쓴다.

   A bike hit a little boy. (능동태)
   자전거가 아이를 쳤다.

     → A little boy was hit by a bike. (수동태)
       아이가 자전거에 치였다.

(3) 수동태로 문장을 바꿀 때에는 'by + 주어'로 쓴다.

• 다만 주어가 인칭대명사이면 목적격으로 쓰지만, 인칭대명사가 아니라
  사람의 이름이거나 사물일 경우에는 목적격 자리에 by a bike처럼 그대로 쓴다.

The secretary made a reservation the rooms for the CEOs. (능동태)
비서가 사장들의 방을 예약했다.

→ The rooms for the CEOs were made a reservation by the secretary. (수동태)
사장들의 방이 비서에 의해 예약되었다.

2 수동태의 시제

		능동태	수동태
기본 시제	현재	He hits me.	I am hit by him.
	과거	He hit me.	I was hit by him.
완료 시제	현재	He has hit me.	I have been hit by him.
	과거	He had hit me.	I had been hit by him.

3 능동태와 수동태 문장

• 능동태 문장은 타동사 다음에 목적어가 오는 경우에 쓴다.
• 수동태 문장은 목적어가 없는 경우에 쓴다.

She spends much money on buying clothes. (능동태)
그녀는 옷을 사는 데 많은 돈을 쓴다.

→ Much money is spent on buying clothes by her.
많은 돈이 그녀에 의해서 옷 사는 데 쓰여진다.

※ 타동사 spends 다음에 목적어 much money가 나오므로 능동태로 표현한다.

The manager has been selected by the president. (수동태)
매니저는 사장에 의해 발탁이 되었다.

→ The president has selected the manager.

　사장이 매니저를 발탁했다.

※ 타동사 selected 다음에 목적어가 없으므로 수동태로 나타냈다.

4　주의해야 할 수동태

(1) 수동태로 쓸 수 없는 자동사

• 자동사는 수동태로 사용할 수 없다.

• 자동사는 목적어를 취하지 않으므로 수동태로 쓸 수 없다.

appear	...처럼 보이다	arrive	도착하다
become	...이 되다	come	오다
disappear	사라지다	exist	존재하다
remain	...인 채로 있다	seem	...처럼 보이다
stay	머무르다	occur	생기다
cost	비용이 들다	happen	발생하다
take place	발생하다		

The staff ~~were remained~~ (**remained**) in the auditorium.

모든 직원은 강당에 남아 있었다.

The items he ordered ~~were arrived~~ (**arrived**) three days earlier.

그가 주문한 물품들이 사흘 일찍 도착했다.

(2) 수동태로 쓸 수 없는 타동사

become	...이 되다	lack	부족하다
meet	만나다	resemble	닮다
possess	소유하다	own	소유하다
have	가지다	belong to	...에 속하다

Her mother was resembled by her daughter. (×)

→ Her daughter resembles her mother. (○)

그녀의 딸은 엄마를 닮았다.

※ 동사 resemble은 수동태로 쓰지 않는 동사다.

The vice president ~~was become~~ (**became**) the president when I came back from holidays.

부사장은 내가 휴가에서 돌아왔을 때 사장이 되어 있었다.

※ '...한 상태가 되다'는 의미의 동사 become은 수동태로 쓸 수 없다.

(3) 수동의 뜻을 나타내는 자동사

• 아래의 자동사들은 능동 형식이지만 수동의 의미를 지니므로 주의해야 한다.

be	...이 되다	cut	잘리다, 베이다
peel	벗겨지다	read	읽히다
sell	팔리다	wash	세탁되다

The ship is building.

배가 건조되고 있다.

The knife cuts well.

칼이 잘 든다.

The novel reads easily.

그 소설은 쉽게 읽힌다.

(4) 동명사와 함께 쓰여 수동의 뜻을 나타내는 동사

deserve	...하는 게 당연하다	require	요청하다
want	원하다	need	필요로 하다

- 이 동사들 다음에 동명사 대신 to부정사를 써서 'to be + p.p.' 형태로 표현해도 의미는 같다.

My brother **deserves promoting**.
= My brother **deserves to be promoted**.
우리 형이 승진되는 것은 당연하다.
The flowers **need watering**.
= The flowers **needed to be watered**.
꽃에 물을 주어야 한다.

(5) 4형식과 5형식 동사의 수동태

- 4형식 문장에서는 목적어가 둘이므로 수동태로 전환할 때 주어가 두 개가 될 수 있다.
- 5형식 문장을 수동태로 바꿀 때는 목적보어를 수동태 동사 뒤에 그대로 사용한다.

He gave **me**(간접목적어) **a book**(직접목적어) yesterday. (4형식)
그는 어제 나에게 책 한 권을 주었다.
  → **I** was given a book by him yesterday. (간접목적어가 주어)
  → **A book** was given **to** me by him yesterday. (직접목적어가 주어)
  ※ 간접목적어와 직접목적어를 주어로 하여 수동태 문장을 2개 만들 수 있다.

They elected me the Best Employee of the month.
그들이 나를 이달의 우수 사원으로 뽑았다.
  → I was elected the Best Employee of the month by them.
    나는 그들에 의해서 이달의 우수 사원으로 뽑혔다.
  ※ 능동태에서 인칭대명사 주격 They가 수동태로 바뀔 때에는 전치사 by 다음에
    목적격을 써야 하므로 them이다.

① 직접목적어를 주어로 쓸 때 간접 목적어 앞에 전치사 to를 쓰는 동사

send	보내다	teach	가르치다	offer	제공하다
pay	지불하다	hand	건네주다	give	주다
write	쓰다	lend	빌려주다	owe	빚지다
show	보여주다				

He paid me ten dollars.

그는 내게 10달러를 갚았다.

→ Ten dollars were paid **to** me by him.

10달러가 그에 의해서 내게 갚아졌다.

② 직접목적어를 주어로 쓸 때 간접목적어 앞에 전치사 for를 쓰는 동사

get	얻다	find	찾다	buy	사다
do	하다	make	만들다	cook	요리하다
choose	고르다				

He bought his son a book yesterday.

그는 어제 아들에게 책 한 권을 사주었다.

→ **His son** was bought a book by him yesterday. (간접목적어가 주어)

→ **A book** was bought **for** his son by him yesterday. (직접목적어가 주어)

Will you find **me a taxi**?

택시 좀 잡아주시겠습니까?

→ Will you find a taxi **for** me?

5 사역동사와 지각동사의 수동태

• 사역동사와 지각동사를 사용한 문장을 수동태로 바꿀 때의 형태는 'be동사 + p.p. + to + 동사원형'이다.

The director made her complete the order sheet. (능동태)
부장은 그녀에게 주문서를 완성하라고 시켰다.

→ She ~~was made complete~~ (**was made to complete**) the order sheet by the director. (수동태)

※ 능동태 문장에서는 '사역동사 + 사람목적어 + 동사원형'으로 쓰지만, 수동태에서는 be동사 다음에 과거분사를 쓰고 동사원형을 쓰는 것이 아니라 to + 동사원형을 써야 한다는 점을 명심하자.

He let me go.
그는 나를 가게 했다.

→ I was allowed to go by him.
나는 그에 의해 가도록 허락 받았다.

They saw him go down the stairs.
그들은 그가 아래층으로 내려가는 것을 보았다.

→ He was seen to go down the stairs.
그가 아래층으로 내려가는 게 보였다.

6 전치사를 쓰는 수동태 관용어구

(1) 전치사 at

be alarmed at	
be amazed at	
be astonished at	
be astounded at	...에 놀라다
be surprised at	
be dismayed at	
be frightened at	
be grieved at	...에 슬퍼하다
be shocked at	...에 충격을 받다
be startled at	...에 놀라다
be disappointed at	...에 실망하다

(2) 전치사 with

be accompanied with	...을 동반하다
be acquainted with	...을 알고 있다
be afflicted with	...에 시달리다
be associated with	...와 제휴하다
be bored with	...에 싫증나다
be concerned with	...과 관련이 있다
be confused with	...에 혼란스러워 하다
be contented with	...에 만족하다
be covered with	...로 덮여 있다
be crowded with	...로 붐비다
be delighted with	...에 기뻐하다

be faced with	...에 직면하다
be filled with	...로 가득하다
be occupied with	...에 전념하다
be pleased with	...에 기뻐하다
be related with	...과 연관이 있다
be satisfied with	...에 만족하다
be seized with	...에 사로잡히다

(3) 전치사 about

be concerned about	...에 대해 걱정하다
be worried about	

(4) 전치사 in

be interested in	...에 관심을 갖다
be concerned in	
be indulged in	...에 몰두하다
be absorbed in	
be engaged in	...에 종사하다
be involved in	...에 연관되다
be caught in	(소나기 따위를) 만나다
be dressed in	...을 입고 있다

(5) 전치사 of

be ashamed of	...을 부끄러워하다
be composed of	...로 구성되다
be made of	...로 만들어지다
be tired of	...에 싫증나다

(6) 전치사 to

be accustomed to ...ing	...에 익숙하다
be committed to ...ing	
be dedicated to ...ing	...에 헌신하다
be devoted to ...ing	
be known to + N	...에게 알려지다
be married to + N	...와 결혼하다
be scheduled to + V	...할 예정이다
be supposed to + V	...하기로 되어 있다

(7) 기타

be known as	...로서 알려지다 (자격, 신분)
be known by	...에 의해 알려지다 (판단)
be known for	...로 유명하다 (이유, 원인)
be based on	...에 근거를 두다

Dr. Kim is known as a respectable professor.
김 박사는 훌륭한 교수로 알려져 있다.

A man is known by the company he keeps.
사람은 그가 사귀는 친구를 보면 그 사람을 알 수 있다.

Yoon Dong Joo is known for his poem, 'prelude.'
윤동주는 그의 시 '서시'로 유명하다.

EXERCISE 옳은 것을 고르시오.

1. 가게는 일요일에는 닫을 것이다.

The store will (close/be closed) on Sunday.

2. 아빠가 요리하신 저녁은 매우 맛있었다.

The dinner (was cooked/cooked) by father was very delicious.

3. 대한민국은 많은 경제적인 어려움에 처해 있다.

Korea is faced (of/in/with) lots of economic difficulties.

4. 소포는 어제 집배원에 의해서 배달되었다.

The package (delivered/was delivered) by the mailman yesterday.

5. 강의실은 1학년 학생들로 가득 차 있다.

The classroom is filled (of/at/with) first-year students.

6. 당신은 여기서 사진 찍는 걸 허락받았습니까?

Are you (permitting/permitted) to take pictures here?

7. 바지는 다림질이 잘 되었다.

The trousers (has/have) been (iron/ironed).

8. 식물들에 물을 주어야 한다.

The plants need (to water/watering).

9. 그는 마땅히 승진되어야 한다.

He deserves (to promote/promoting).

10. 예약은 이달 말까지 해야 했다.

The reservations were supposed to (make/be made) till the end of the
month.

Test

1. No one (　　　) because of the dark.

  a. was to be seen   b. was been

  c. was to see   d. was see

2. I am (　　　) the TOEIC lectures.

  a. interested in attend

  b. interesting to attend

  c. interested to attend on

  d. interested in attending

3. The merger will not be (　　　) until the two CEOs have signed the necessary paperwork.

  a. completes   b. completion

  c. completed   d. complete

4. A: What do they sell in the shop?

  B: Many kinds of shirts (　　　) well.

  a. sold   b. to sell

  c. selling   d. sell

5. Proverbs are generally (　　　) stylized saying that represent the commonsense in everyday life.

  a. regarded of   b. regarded as

  c. regarded to   d. regarded with

정답 1. a 2. d 3. c 4. d 5. b

해설

1. to부정사의 수동태는 'to + be + 과거분사'의 형태이다.

문제 1은 to부정사의 형용사적 용법 중에서 'be동사 + to부정사'이다.

'be동사 + to부정사'의 용법에서 아래 c의 '가능'에 해당된다.

그러므로 was to be seen으로 써야 한다.

be동사 + to부정사 용법

① 예정 (...할 예정이다)

We are to meet this Friday night.

우리는 이번 주 금요일 밤에 만날 예정이다.

② 의무 (...해야 한다)

You are to finish your work by three o'clock.

너는 일을 3시까지 마쳐야 한다.

③ 가능 (...할 수 있다/없다)

Nothing was to be seen at that time.

그 당시에는 아무것도 볼 수 없었다.

④ 운명 (...할 운명이었다)

The poet was to die young.

그 시인은 요절할 운명이었다.

⑤ 의도 (...하려고 한다면)

If you are to succeed, you must study hard.

네가 성공하려고 한다면 너는 열심히 공부해야 한다.

번역 암흑 때문에 아무도 안 보였다.

2. '...에 관심이 있다'라는 표현은 'be interested in + ...ing/명사'이다.

attend the TOEIC lectures 토익 수업을 듣다

번역 나는 토익 강의를 듣는데 흥미가 있다.

3. 조동사구 수동태 표현은 '조동사 + be + 과거분사'이다.

3번은 부정형의 문장이므로 will not be completed로 써야 한다.

merger 합병

paperwork 문서

번역 합병은 두 사장이 필요한 서류에 서명할 때까지 완료되지 않는다.

4. 문장 형식은 능동태이지만 의미는 수동이다.

동사 sell은 '...을 팔다'는 뜻도 있지만,

'팔리다'는 수동의 뜻으로 쓰이기도 한다.

번역 A: 그들이 가게에서 무엇을 팝니까?

B: 많은 종류의 셔츠가 잘 팔려요.

5.

be regarded as	...로 간주되다
proverb	속담
stylize	양식화하다
commonsense	상식
generally	일반적으로
represent	나타내다

번역 속담은 일반적으로 일상생활에서의 상식을 대변해 주는 양식화된 말로 여겨진다.

Unit 11

......

가정법

1   법의 종류

(1) 직설법

• 어떤 일을 사실대로 말하는 화법

(2) 명령법

• 명령, 요구, 금지 등을 말할 때 나타내는 화법

(3) 가정법

• 가정, 상상, 소망을 표현할 때 쓰는 화법

2   조건문과 가정법

(1) 단순 조건문

• 가정법 현재라고도 말한다.
• 실현 가능성이 어느 정도 있을 때를 가정한다.

If I become President, I will clean up the air.
내가 대통령이 된다면 대기를 정화할 것이다.
(당선 가능성이 어느 정도 있음)

(2) 가정법

• 실현 가능성이 희박할 때(현재의 상황과 반대될 때)를 가정한다.

If I became President, I would clean up the air.
내가 대통령이 된다면 대기를 정화할 텐데.
(당선 가능성이 거의 없는 경우)

③ 가정법의 형태

		종속절 (if절)	주절
가정법 현재 (단순 조건문)	현재나 미래의 불확실한 상상, 가정	If + S + 동사원형/ 동사의 현재형	S + 조동사 현재형 (will/can/may/should) + 동사원형
가정법 과거 (현재로 번역)	현재사실 반대, 가정	If + S + were/ 동사의 과거형 (만약 ...한다면)	S + 조동사 과거형 (would/could/might) + 동사원형 (...할 텐데)
가정법 과거완료 (과거로 번역)	과거사실 반대, 가정	If + S + had + p.p. (만약 ...했다면)	S + 조동사 과거형 (would/could/might) + have + p.p. (...했을 텐데)
혼합 가정법	과거일이 현재까지 영향을 줄 때	If + S + had + p.p.	S + 조동사 과거형 (would/could/might) + 동사원형 ...now

(1) 가정법 현재 (단순 조건문)

• 현재나 미래에 대한 불확실한 상상, 가정, 의심을 나타낸다.
• 우리말로는 '만약 ...한다면 ...할 것이다'로 번역한다.

종속절 (if절)	주절
If + S + 동사원형/ 동사의 현재형	1. S + will/can/may/shall/should + 동사원형
	2. please + 동사원형 (명령문)
	3. S + 동사의 현재형

If she speaks English fluently, I will hire her.
만약에 그녀가 영어를 유창하게 구사한다면 나는 그녀를 채용할 것이다.

If it is fine tomorrow we will go hiking.
만약 내일 날씨가 좋다면, 우리는 하이킹을 갈 것이다.

If you should have any problems with the new computer, please let me know immediately.

만약 새로운 컴퓨터에 문제가 생기면 즉시 저에게 알려주시기를 바랍니다.

※ 가정법 현재에서 조건절 동사 앞에 should를 쓰면 명령이 아니라 공손한 표현이다.

(2) 가정법 과거

- 현재 사실과 반대되는 것을 가정할 때 쓴다.
- 현재 일어날 가능성이 없는 경우에 쓴다.
- 우리말로는 '만약 …라면 …할 텐데'와 같이 현재형으로 번역한다.

	종속절 (if절)	주절
일반동사	If + 주어 + 동사의 과거형	주어 + 조동사 과거형 (would/could/might/should) + 동사원형
be동사	If + 주어 + were	주어 + 조동사 과거형 (would/could/might/should) + 동사원형

If I **were** you, I would go there by myself.

만약 내가 너라면 거기에 나 혼자 갈 텐데.

If he **knew** the fact, he would tell me.

만약 그가 사실을 안다면 나에게 말할 텐데.

If he **didn't like** football very much, his dream wouldn't(couldn't) be a professional football player. (가정법 과거)

그가 축구를 무척 좋아하지 않는다면 그의 꿈은 프로 축구 선수가 아닐 텐데.

→ As he likes football very much, his dream is to be a professional football player. (직설법)

그가 축구를 매우 좋아하기 때문에 그의 꿈은 프로 축구 선수가 되는 것이다.

What would you do if you ~~are~~ (**were**) in my shoes?

만약에 당신이 내 입장이라면 어떡하시겠습니까?

be in one's shoes ...의 입장이다

※ 가정법 과거에서 종속절에는 be동사 형태는 주어와는 무관하게 항상 were를 쓴다.

If today were the last day of my life, would I want to do what I am about to do today? - Steve Jobs

만약 오늘이 내 인생의 마지막 날이라면, 나는 오늘 내가 하려고 하는 것을 하고 싶을까?

(3) 가정법 과거완료

• 과거 사실과 반대되는 것을 가정할 때 쓴다.

• 우리말 번역은 '만약 ...했다면 ...했을 텐데' 과거로 한다.

종속절 (if절)	주절
If + 주어 + had + p.p.	주어 + 조동사 과거형 (would/could/might/should) + have + p.p.

If she **had studied** English harder, she **would have passed** the test.

만약에 그녀가 영어 공부를 더 열심히 했더라면 그녀는 시험에 합격했을 텐데.

→ As she didn't study harder, she didn't pass the test.

그녀가 공부를 열심히 안 했기 때문에 그녀는 시험에 합격하지 못했다.

If he had made a different choice, he would have regretted it.

만약 그가 다른 선택을 했다면 그는 그것을 후회했을 텐데.

→ As he didn't make a different choice, he didn't regretted it.

그가 다른 선택을 하지 않았기 때문에 그는 그것을 후회하지 않았다.

(4) 혼합 가정법

- 조건절에는 가정법 과거완료(If + S + had + p.p.)가 나온다.
- 주절에는 가정법 과거(S + 조동사 과거형 + 동사원형)가 쓰인다.
- 우리말 번역은 '만약 …했다면 지금 …할 텐데'라고 한다.

종속절 (if절)	주절
If + S + had + p.p.	주어 + 조동사 과거형 (would/could/might/should) + 동사원형 …now

If he had not helped me, I should not live in this house now.
만약 그가 나를 돕지 않았다면 나는 지금 이 집에서 살 수 없을 텐데.

→ As he helped me, I live in this house now.
   그가 나를 도와주었기 때문에 나는 지금 이 집에서 산다.

If I had taken his advice then, I would be a doctor now.
그때 그의 충고를 받아들였다면 나는 지금 의사가 되었을 텐데.

→ As I didn't take his advice then, I am not a doctor.
   그때 그의 충고를 듣지 않았기 때문에 나는 지금 의사가 아니다.

4   I wish ...가정법

(1) 가정법 과거

- 현재 사실에 반대되는 소망을 나타낸다.
- 우리말 번역은 '...라면 좋을 텐데'로 한다. (현재로 번역)

| I wish | 주어 + would/could + 동사원형 |
| | 주어 + 동사의 과거형/be동사는 were |

I wish it would rain.
비가 오면 좋을 텐데.
(현재 비가 안 온다는 사실)

I wish I were taller than him.
나는 그보다 키가 더 컸으면 좋을 텐데.
= I am sorry that I am not taller than him.
나는 그보다 키가 크지 않아서 유감이다.

I wish I knew to swim.
수영하는 법을 안다면 좋을 텐데.
= I am sorry that I don't know how to swim.
수영하는 법을 몰라서 유감이다.

I wish it were raining now.
지금 비가 내리면 좋을 텐데.
※ 구어체에서는 were 대신 was를 사용한다.

I wish the weather would be rainy tomorrow.
내일 비가 내리면 좋을 텐데.
※ 미래에 대한 소망을 표현할 때는 조동사 will대신 would를 사용한다.

(2) I wish 가정법 과거완료

- 과거 사실과 반대되는 소망을 나타낸다.
- 우리말 번역은 '...였다면 좋았을 텐데'로 한다. (과거로 번역)

I wish	주어 + had + p.p.

I wish I had had enough money.

돈을 넉넉히 가지고 있었으면 좋았을 텐데.

(과거에 돈을 충분히 가지고 있지 못했다)

5 as if(though) + 가정법 과거

- 현재 사실에 반대되거나 의심을 나타낸다.
- 우리말 번역은 '마치 ...인 것처럼'으로 한다. (현재로 번역)
- 주절의 동사시제가 현재면 현재 사실과 반대의 뜻이고 과거형이면 과거 사실과 반대의 의미를 나타낸다.

동사의 현재형/과거형	+ as if(though) + S + 동사의 과거형 ...

They look as if(though) they knew each other.

그들은 서로 알고 있는 것처럼 보인다.

= In fact they don't know each other.

사실 그들은 서로 알지 못한다.

They looked as if(though) they knew each other.

그들은 마치 서로 알고 있는 것처럼 보였다.

= In fact they didn't know each other.

사실 그들은 서로 알지 못했다.

EXERCISE　빈칸을 채우거나 옳은 것을 고르시오.

1. 사랑이 없다면, 사람은 살 수 없을 텐데.

If it were not for love, man could not live.

= (　　　)(　　　) for love, man could not live.

2. 만약에 아프면 바로 병원에 가봐라.

If you (shall/should) feel sick, you'd better go to the doctor.

3. 만약에 당신이 서두른다면 마감 기한을 맞출 텐데.

If you (hurried/had hurried), you would meet the deadline.

4. 만약에 내가 여기 있다면 너를 안아줄 텐데.

If I (was/were) here, I (caress/would caress) you.

5. 그의 전화번호를 알았더라면 좋았을 텐데.

I wish I (had known/knew) his phone number.

6. 내가 돈을 충분히 가지고 있으면 좋을 텐데.

I wish I (had had/had) enough money.

정답 1. Were, not　2. should　3. hurried

　4. were, would caress　5. had known　6. had

Test

1. If Japan (   ) the war in early 1945, the Unirted States might not have used atomic bombs.

  a. would give up   b. had given up

  c. gave up   d. gives up

2. I wish he (   ) to my e-mail.

  a. has replied   b. replies

  c. would have replied   d. replied

3. If you (   ) me then, I should no longer be alive now.

  a. had not helped   b. were not with

  c. did not helped   d. do not help

4. If she didn't have her key, she (   ) able to lock the door.

  a. would have been   b. was

  c. wouldn't be   d. wouldn't have been

5. If I (   ) in your situation, I would tell the truth.

  a. was   b. were

  c. am   ·   d. will be

정답 1. b 2. d 3. a 4. c 5. b

해설

1. 문제 1과 같이 If 절에서 답을 찾아야 하는 경우는 가정법 문제라고 보면 된다.

가정법 문제는 조건절이나 주절 둘 중 한군데의 문법상 올바른 것을 묻는 문제이므로 확실하게 공식을 익혀두어야 한다.

이 문제는 조건절의 답을 찾는 문제이다.

먼저 주절을 살펴보면 '주어 + 조동사의 과거형 + have + p.p.'로 되어 있다.

이것은 가정법 과거완료를 묻는 문제라는 것을 알 수 있다.

가정법 과거완료의 조건절은 'If + S + had + p.p.'이다.

가정법 과거완료는 과거 사실에 반대되는 가정을 하는 것이므로 우리말 번역은 과거로 하면 된다. 그러므로 답은 had given up이다.

atomic bomb 원자 폭탄

give up = submit 항복하다

번역 만약 일본이 1945년 초에 전쟁을 포기했더라면 미국은 원자폭탄을 사용하지 않았을 텐데.

2. I wish + 가정법을 묻는 문제이다.

현재 사실에 반대되는 소망을 나타내는 'I wish + 가정법 과거'는 '...한다면 좋을 텐데'의 뜻이다. 가정법 과거는 동사의 과거형을 써야 하므로 d의 replied가 답이다.

번역 그가 나의 이메일에 답장을 한다면 좋을 텐데.

3. 혼합가정법을 묻는 문제이다.

혼합가정법의 형태는 'If + S + had + p.p.', 'S + 조동사 과거형 + 동사원형 + now'이다.

우리말 번역은 '...했더라면 지금 ...할 텐데'이다.

문제 3에서 주절에 '조동사 과거형 + 동사원형 + now'가 있으므로

조건절에는 'If you had not helped me...'가 와야 한다.

no longer 더 이상 ...않다

번역 만약 당신이 그때 나를 돕지 않았다면 나는 지금 살아있지 않을 텐데.

4. 조건절이 'S + 동사 과거형', 주절이 'S + 조동사 과거형 + 동사원형'이므로 가정법 과거이다.

가정법 과거는 현재사실에 반대되는 가정이므로 현재로 번역한다.

[번역] 그녀가 열쇠가 없다면 그녀는 문을 잠글 수가 없을 텐데.

5. 주절이 'S + 조동사 과거형 + 동사원형'이므로 조건절은 'S + were/동사과거형'이 나와야 한다.

즉, 가정법 과거이다. 그러므로 If I were in이어야 한다.

주어가 무엇이든지 be 동사는 항상 were를 써야 한다는 사실을 명심해야 한다.

[번역] 만약 내가 너의 상황이라면 나는 진실을 말할 텐데.

Unit 12

관계사

1. 관계대명사
2. 관계부사
3. 복합관계대명사

1   관계대명사

- 접속사와 대명사 역할을 동시에 한다.
- 관계대명사 앞에 오는 명사를 선행사라고 한다.
- 관계대명사는 절로서 선행사를 수식한다.

선행사	주격	목적격	소유격
사람	who	whom	whose
사물/동물	which	which	whose = of which
사람/사물/동물	that	that	X
사물(선행사 포함)	what	what	X

(1) 종류

① 관계대명사 who

a. 주격: 선행사 + 주격 관계대명사 + 동사

I like **Mr. Kim**. **He** works for this university.

→ I like **Mr. Kim who** works for this university.

나는 이 대학교에서 근무하는 김 선생님을 좋아한다.

This is the **girl**. **She** is a good typist.

→ This is the **girl who** is a good typist.

이 사람이 타자를 잘 치는 그 여자다.

※ She가 주격이므로 관계대명사는 who를 쓴다.

He is the greatest conqueror **who** has conquered himself.

자신을 정복한 사람이 가장 위대한 정복자이다.

※ 관계대명사 주격 다음의 동사는 선행사의 수에 일치하여 하므로 has를 써야 한다.

b. 목적격: 선행사 + 목적격 관계대명사 + 주어 + 동사

This is the person **whom** you must know.
이 사람은 당신이 알고 있어야 할 사람이다.

The man **whom** you saw in the classroom is my professor.
강의실에서 당신이 본 그 사람이 우리 교수님이다.

c. 소유격: 선행사 + 소유격 관계대명사 + 명사

Who can take care of a child **whose** parents are dead?
부모가 죽은 애를 누가 돌볼 것인가?

Have you ever heard about a poet **whose** name is Ma Jongki?
마종기라는 시인의 이름을 들어본 적이 있어요?

② 관계대명사 which

a. 주격

Please give me a room **which** command (**commands**) a fine view.
전망이 좋은 방 하나 주세요.

※ 선행사가 사물을 나타내는 a room이므로 관계대명사는 which이다.

※ 선행사 a room이 단수이므로 주격 관계대명사 다음에 오는 동사는 commands이다.

b. 목적격

He found his wallet **which** he lost in the bus.
그는 버스에서 잃어버린 지갑을 찾았다.

c. 소유격

The mountain **whose** top is covered with snow is Halla.

= The mountain the top of **which** is covered with snow is Halla.

= The mountain of **which** the top is covered with snow is Halla.

정상이 눈으로 덮여 있는 저 산은 한라산이다.

③ 관계대명사 that

a. 반드시 that을 쓰는 경우

선행사	관계대명사
최상급의 형용사	that
서수사 (first, second...)	
the only	
the very	
every	
all	
the same	

(a) You are the only friend **that** I have.

너는 내 유일한 친구야.

(b) He is the very man **that** I want.

그는 바로 내가 바라는 사람이다.

(c) All **that** glitters is not gold.

반짝이는 것이라고 모두 금은 아니다.

(d) 선행사가 사람, 동물, 사물일 때

She spoke of the men and animals **that** she had seen.

그녀는 그녀가 본 사람들과 동물들에 대해서 말했다.

(e) This is the most impressive poem **that** I've ever read.

이것이 내가 읽은 시 중에서 가장 감명 깊은 시이다.

(f) This is the same watch **that** I have lost the other day.

이것은 내가 요전에 잃어버린 것과 똑같은 시계다.

b. that을 쓸 수 없는 경우

(a) that 앞에는 전치사를 쓸 수 없다.

This is the book of **that** he spoke. (×)

This is the book **that** he spoke of. (○)

이 책이 그가 말했던 책이다.

(b) 계속적 용법에서 ',(콤마) + that'은 불가하다.

Let me introduce my English professor, ~~that~~ (**who**) will help you solve any problems.

제 영어 교수님을 소개하겠습니다.

그 분은 여러분의 문제점들을 해결하는 데 도움을 주실 겁니다.

✶ 다음 두 문장의 의미의 차이를 알아보자.

1. He has two sons **who** are teachers.

2. He has two sons, **who** are teachers.

1번의 문장은 '그는 아들을 두 명 이상 두고 있는데(세 명, 네 명...) 그중에서 선생님을 하고 있는 두 명의 아들이 있다'는 뜻이다.

2번은 '그는 아들이 두 명 있는데(두 명밖에 없다는 뜻) 그 두 명이 선생님이다'라는 뜻으로 ,**(콤마)** 하나에 의미가 완전히 달라지므로 유의해야 한다.

④ 관계대명사 what

- 선행사가 관계대명사 what 속에 포함되어 있다고 보므로 따로 선행사가 없다.
- the thing(s) which = the thing(s) that의 뜻을 나타낸다.
- 명사절을 이끌며 소유격은 없다.
- '...하는 것'으로 번역한다.

I never forget **what** he talked to me.

= I never forget the things **which (that)** he talked to me.

나는 그가 내게 했던 말을 결코 잊을 수 없다.

What takes place at the construction site must be reported the supervisor.

공사장에서 발생하는 일은 감독관에게 보고해야 한다.

＊ 관계대명사 what의 관용 표현

소위, 말하자면		
what	we	call
	you	
	they	
what	is	called
	are	
what	is	better 금상첨화인 것은
		worse 설상가상으로

He is **what you call** a walking dictionary.

그는 소위 걸어 다니는 사전이야.

2 관계부사

- 관계부사는 접속사와 부사의 역할을 한다.
- 앞에 있는 선행사를 수식하는 형용사절을 이끈다.
- 형용사절은 완전한 문장이다.
- '전치사 + which'로 바꾸어 쓸 수 있다.

	선행사	관계부사	전치사 + 관계대명사
장소	the house, the place, the city, the town, the country	where	at/in/to which
시간	the time, the day, the month, the year	when	at/in/on which
이유	the reason	why	for which
방법	the way	how	in which

Youngyang is **the city where** I was born.

= Youngyang is the city **in which** I was born.

= Youngyang is the city **which** I was born **in**.

영양은 내가 태어난 곳이다.

November 17th is **the day when** he was born.

= November 17th is the day **on which** he was born.

11월 17일은 그가 태어난 날이다.

That is **the way how** he solved the problem. (✕)

That is **the way which** he solved the problem. (○)

That is **the way** he solved the problem. (○)

That is **how** he solved the problem. (○)

※ 관계부사 how는 선행사와 함께 쓸 수 없다.
　예문처럼 선행사만 쓰거나 how만 써야 한다.

The manager will tell you **how** you can operate the machine.

= The manager will tell you **the way** in which you can operate the machine.

매니저가 그 기계 작동하는 방법을 당신에게 말해줄 겁니다.

The manager will tell you **the way how** in which you can operate the machine. (✕)

※ the way와 how를 동시에 써서는 안 된다. 둘 중 하나만 쓴다는 것을 명심하자.

I don't know (**the reason**) **why** he had to leave.

나는 그가 왜 떠나야만 했는지 그 이유를 모른다.

※ 관계부사의 선행사는 생략 가능하다.

Do you know the **time** (**when**) the product is delivered?

당신은 그 제품이 배달되는 시간을 아십니까?

※ 관계부사 앞에 선행사가 있을 경우에는 관계부사 생략 가능.

3 복합관계대명사

- '관계대명사 + ever'의 형태
- 선행사를 포함하고 있으므로 앞에 선행사가 없다.
- 번역은 '...이든지'로 한다.

주격	소유격	목적격	용법	
			명사절	양보 부사절
whoever	whosever	whomever	anyone who... ...하는 누구든지	no matter who... ...누가 ...하더라도
whichever	X	whichever	any thing that... ...하는 어느 쪽이든지	no matter which... 어느 쪽을 ...하더라도
whatever	X	whatever	any(thing) that ...하는 것은 무엇이든	no matter what... 무엇을 ...하더라도

Whoever submits the proposal first will get an additional point.

= **Anyone who** submits the proposal first will get an additional point.

제안서를 가장 먼저 제출하는 사람은 누구든지 추가 점수를 받을 것이다.

He invited **whomever** he met.

그는 만나는 사람은 누구든지 다 초대했다.

I'll do **whatever** you tell me to do.

당신이 하라는 일이라면 무엇이든지 할 것이다.

You may take **whichever** you want.

네가 원하는 것은 어느 것이든지 골라라.

EXERCISE 옳은 것을 고르거나 빈칸을 채우고 한국어로 번역하시오.

1. 혜전대학교에 가는 길 좀 알려주시겠습니까?

Could you tell me (where/how) I get to Hyejeon college?

2. 이곳이 당신이 자란 곳입니까?

Is this the place (   ) you grew up?

3. 제가 그에게 어떻게 연락해야 하는지 말해주세요.

Tell me <u>the way how</u> I can contact him.

4. 당신이 원하는 것은 무엇이든지 가지세요.

Please take (   ) you want.

5. 잘생긴 남자를 만나고 싶다.

I'd like to meet a guy (whom/who) is handsome.

6. 내가 그에 관해서 가장 좋아하는 것은 그의 자상한 배려이다.

(That/What) I like the most about him is his attentive consideration.

7. He has three sons who are doctors.

8. He has three sons, who are doctors.

9. 나는 그가 무엇을 하라고 하는지 이해를 못하겠어.

I can't understand (that/what) he's asking me to do.

10. 목록에 있는 직원들이 승진될 것이다.

The employees (which/whose) names on the list will be promoted.

정답 1. how   2. where   3. the way 또는 how 둘 중 하나만 쓴다.

4. whatever   5. who   6. What

7. 그는 의사인 아들이 세 명 있다. (아들은 세 명 이상 있음)

8. 그는 아들이 세 명 있는데 그들은 모두 의사다. (아들은 세 명만 있음)

9. what   10. whose

Test

1. The school tries to hire employees from diverse backgrounds but it now only has 20 teachers, all of (   ) are women.

  a. that   b. who

  c. whom   d. what

2. (   ) business you may be engaged in, you must do your best.

  a. Wherever   b. Whatever

  c. Whichever   d. Whoever

3. This is the very restaurant (   ) I first met my boyfriend.

  a. which   b. as

  c. where   d. that

4. The policeman was finally able to arrest the woman (   ) fingerprints had been found on the desk.

  a. whose   b. whom

  c. who   d. which

5. Join us next week (   ) we will be talking about our new program.

  a. how   b. why

  c. that   d. when

정답 1. c 2. b 3. d 4. a 5. d

해설

1. 1번 문제에서 빈칸 다음에 be동사가 있으므로 답을 주격으로 고르기 쉬운 문제다.
'전치사 of + 목적격'을 찾아야 한다. 그러므로 정답은 whom이다.

diverse	다양한
employee	피고용인, 직원
employ	고용하다
employment	고용
employable	고용할 수 있는, 자격이 있는
employed	고용주, 사장
unemploy	해고하다
unemployment	실직, 해고
employed	고용된, 일하는
unemployed	실직한, 백수의

Are you employed? 일하고 있어요?

Are you unemployed? 백수인가요?

번역 그 학교는 다양한 배경을 가진 교사들을 채용하려고 애쓰고 있다.
하지만 현재 20명이 있는데 그들 모두 여성이다.

2. 복합관계대명사를 묻는 문제이다.
'...하는 것은 무엇이든지'의 뜻으로 whatever를 써야 한다.
whichever는 범위가 정해져 있을 때 사용한다.

be engaged in	...에 종사하다, ...에 바쁘다
do one's best	최선을 다하다

번역 네가 종사하는 어떤 일이든지 너는 최선을 다해야 한다.

3. the very가 있으므로 관계대명사 that을 써야 한다.

> **번역** 이곳이 내가 남자 친구를 처음 만났던 바로 그 식당이다.

4. 관계대명사의 격을 묻는 문제이다.

빈칸 앞에 선행사 명사가 나오고 빈칸 뒤에 명사가 나오면 빈칸에는 소유격이 나와야 하므로 whose를 쓴다.

arrest	체포하다
fingerprint	지문

> **번역** 경찰은 책상 위에서 지문이 발견된 그 여자를 마침내 체포할 수 있었다.

5. 빈칸 앞에 next week라는 시간을 나타내는 부사가 있으므로 관계부사 when을 쓴다.

join	...을 결합니다, 가입하다, 참가하다
Join us	우리와 함께 하자

> **번역** 우리의 새로운 프로그램에 대해서 이야기하도록 다음 주에 여기서 봅시다.

Unit 13

접속사

1 등위접속사

• 단어와 단어, 구와 구, 절과 절을 연결하는 접속사이다.

but	그러나, 하지만 (반대, 대조)
or	또는 (선택), 즉, 다시 말해 (that is to say)
yet	하지만, 그렇지만
so	그래서, 그러므로 (앞의 내용에 대한 결과)
for	왜냐하면, ...이므로 (앞에 나온 내용에 대한 이유)
and	...와, 그리고, ...하고나서
nor	또한 ...아니다, 그리고 ...않다 (부정문에서)

He is poor, **but** (he is) happy.
그는 가난하지만 행복하다.

Give me liberty, **or** give me death.
나에게 자유가 아니면 죽음을 달라.

I am honest **and** hard working.
나는 정직하고 성실하다.

Though he is poor, **yet** he is satisfied with his situation.
그는 비록 가난하지만 자기 처지에 만족하고 있다.

She is falling in love with him, **so** she is very happy.
그녀는 그와 사랑에 빠져 있어서 매우 행복하다.

They are...jealous **for** they are jealous.
그들은...시샘이 많아서 질투한다. (Shakespeare. *Othello* 3:4)

We don't know, **nor** do we care.
우리는 알지도 못하고 관심도 없다.

It's morning, **for** the birds are singing.
아침이다, 새들이 지저귀므로.

He cannot do it, **nor** can I.
그도 못하고 나 또한 못한다.

※ nor 다음에 절이 올 경우의 어순은 '**nor + be동사/조동사 + 주어**'이다.

This is not the main reason, nor ~~the most important is~~. (**is the most important**).
이것이 주된 이유는 아니며 또한 가장 중요한 이유도 아니다.

I don't watch TV not because I don't like it ~~but~~ (**but because**) I have no time to spare.
나는 TV를 좋아하지 않아서가 아니라 짬이 나지 않아서 TV를 안 본다.

※ not because A but because B A 때문이 아니라 B 때문이다

He usually goes to a library or a museum on Saturday.
그는 보통 토요일에 도서관이나 박물관에 간다.

She said she would be late, yet she arrived on time.
그녀는 늦겠다고 말했으나 정각에 도착했다.

All the students are in the auditorium, so the classroom is empty.
모든 학생들이 강당에 있다, 그래서 강의실이 비어 있다.

② 상관접속사

• 두 개 이상의 단어가 짝을 이루어 대등한 것을 연결하는 접속사

both A and B	A와 B 둘 다	항상 복수로 일치
either A or B	A, B 둘 중의 하나	B에 동사의 수를 일치 시킨다.
neither A nor B	A도 아니고 B도 아니다	
not A but B	A가 아니라 B이다	
not only A but also B	A뿐만 아니라 B 또한	
= B as well as A		
A as well as B	B뿐만 아니라 A 또한	A에 동사의 수를 일치시킨다.

Either you or she ~~are~~ (**is**) wrong.
너나 그녀 둘 중 한 사람이 잘못이다.

그녀는 아름다울 뿐만 아니라 지적이기도 하다.
She is not only beautiful but also intelligent.
= She is intelligent as well as beautiful.

Not only he but they ~~is~~ (**are**) going to join a swimming club.
= They as well as he ~~is~~ (**are**) going to join a swimming club.
그뿐만 아니라 그들도 수영 동아리에 가입할 것이다.

3 종속접속사

- 등위접속사와 상관접속사를 제외한 접속사를 말한다.
- 종속접속사가 이끄는 절을 종속절이라고 한다.

(1) 시간을 나타내는 부사절 접속사

when	...할 때
before	...전에
after	...후에
No sooner A than B	A 하자마자 B하다
as long as	...하는 한
the moment	...하자마자
while	...하는 동안
as	...하고 있을 때, ...하면서
since	...이후로
until	...까지
till	...까지
as soon as	...하자마자
every time	...할 때마다
directly	...하자마자

I'll come **directly** I've finished the work.
일을 끝내는 즉시 가겠습니다.

As soon as he arrived at the airport, he called me.
그는 공항에 도착하자마자 내게 전화했다.

No sooner had he seen me **than** he ran away.
그는 나를 보자마자 도망갔다.

※ No sooner처럼 부정어가 문장 앞에 오면 조동사가 주어보다 먼저 쓰인다.
※ 어순은 'No sooner + 과거완료 + than + 과거'이다.

I shall never forget him **as long as** I live.
내가 살아 있는 한 그를 결코 못 잊을 것이다.

Every time you feel sad, remember that you are loved by me.
당신이 슬플 때마다 내가 당신을 사랑하고 있다는 걸 명심하세요.

(2) 조건을 나타내는 부사절 접속사

if	만약 ...라면
unless	만약 ...하지 않는다면
in case	만일 ...하는 경우에 대비하여
in case that	만일 ...하는 경우에 대비하여
suppose	만약 ...이라면
suppose that	만약 ...이라면
supposing	만약 ...이라면
supposing that	만약 ...이라면
as long as	...하는 한
once	일단 ...하면
providing that	만약 ...이라면
provided that	만약 ...이라면

Suppose that you are late, what excuse will you make?
만약 지각한다면 너는 무슨 변명할 거니?

Supposing your mother knew it, what would she say?
만약 너의 어머니가 아신다면 무엇이라고 말씀하실까?

Suppose I do?

(상대방의 말을 받아서) 내가 만일 하면 어쩔래?

Suppose I don't?

(상대방의 말을 받아서) 내가 만일 안 하면 어쩔래?

Providing (**that**) all your task is done, you may go home.

일을 다 끝마치면 집에 가도 좋다.

She will go, **provided that** her friends can go also.

그녀의 친구들이 간다면 그녀도 갈 것이다.

Take an umbrella with you **in case** (**that**) it <u>rains</u>.

비가 올 경우에 대비해서 우산을 챙겨 가라.

※ 시간과 조건을 나타내는 부사절에서는 현재시제를 써서 미래시제를 대신한다.

(3) 이유를 나타내는 부사절 접속사

because	...때문에
since	...때문에
as	...때문에
now that	...이니까

Now that you mention it, I remember.

당신이 말하니까 기억이 나는군요.

(4) 양보를 나타내는 부사절 접속사

although	
though	비록 ...일지라도
even though	비록 ...하더라도
even if	
as	...이지만
while	...할지라도

Child **as** he is, he is thoughtful.
아이이지만 그는 생각이 깊다.

While they don't agree, they continue to be friends.
그들은 의견이 서로 다르지만 변함없이 친하게 지낸다.

Although it may sound strange, yet it is quite true.
이상하게 들릴지 모르지만 그건 진짜 사실이다.

Much **as** I liked him, I couldn't love him.
나는 매우 그를 좋아했지만 그를 사랑할 수는 없었다.

Even if you don't like him, you have to help him.
설사 그를 좋아하지 않는다고 할지라도 너는 그를 도와주어야 한다.

(5) 목적을 나타내는 부사절 접속사

so (that)	...하기 위해서, ...하도록
in order that	...하기 위하여
lest + 주어 + should + 동사원형	...하지 않도록

He is going to the theater early **so that** he may get a good seat.
그는 좋은 좌석을 잡으려고 일찍 영화관에 갈 것이다.

The secretary made a reservation **in order that** he could stay at Hilton hotel.
비서는 그가 힐튼 호텔에서 묵을 수 있도록 예약을 해두었다.

Speak more loudly **so that** I can hear you.
= Speak more loudly **in order that** I can hear you.
들리도록 좀 크게 말해주세요.

You'd better go out with an overcoat on **lest** you **should** catch cold.
감기에 걸리지 않도록 코트를 입고 나가거라.

(6) 결과를 나타내는 부사절 접속사

so + 형용사/부사 + that	너무 ...해서 ...하다
such + a/an + 형용사 + 명사 + that	

The desk was **so heavy that** I couldn't move it.
= The desk was **such a heavy one that** I couldn't move it.
그 책상은 너무 무거워서 내가 들 수가 없다.

(7) 장소를 나타내는 부사절 접속사

where	...한 곳
wherever + 주어 + 동사	어디에 ...하든

I will follow **wherever** you go.
당신이 가는 곳은 어디든지 따라갈 겁니다.

4 명사절을 이끄는 접속사

• 명사처럼 주어, 보어, 목적어 역할을 하는 접속사이다.

(1) that + 주어 + 동사 (...라는 것)

① 주어 역할

That he is a genius is unbelievable.

= It is unbelievable **that he is a genius**.

그가 천재라는 것은 믿을 수 없다.

② 보어 역할

The fact is **that he said so**.

사실은 그가 그렇게 말했다는 것이다.

③ 목적어 역할

I believe **that you will get on in the world**.

나는 네가 출세할 것이라는 것을 믿는다.

(2) if/whether + 주어 + 동사 (...인지 아닌지)

I do not much care if people agree with me.

사람들이 내게 동의할지 아닐지는 별로 신경 쓰지 않는다.

If (**Whether**) he comes or not, I'll go.

그가 오든 안 오든 나는 갈 것이다.

Ask them **if** they know his cell phone number.

그들에게 그의 휴대폰 번호를 알고 있는지 물어봐라.

5 뜻은 같지만 쓰임이 다른 전치사와 접속사

• 전치사 다음에는 명사 상당 어구(명사, 동명사, 대명사)가 온다.
• 접속사 다음에는 절(주어 + 동사)이 온다.

뜻	전치사 + 명사 상당 어구	접속사 + 주어 + 동사
...때문에	because of	because
	due to	as
	owing to	since
...에도 불구하고	despite	although
	in spite of	even though
...하는 동안	during + 특정기간	while
	for + 숫자	
...이래로	since	since
...후에	after	after
...전에	before	before
...가 없다면	without	unless
...을 제외하고	except	except that

He has lived in Seoul **for 20 years**.
그는 서울에서 20년 동안 살고 있다.

What are you going to do **during the summer vacation?**
너는 여름방학 동안 무엇을 할 거니?

Make hay **while the sun shines**.
햇볕이 났을 때 건초를 만들어라(기회를 놓치지 마라).

6 접속부사

- 부사이면서 접속사의 뜻을 지닌다.
- 부사이므로 절을 이끌 수 없다.
- 세미콜론(;)과 콤마(,) 사이에서 두 문장 연결 역할

(1) 결과

accordingly	따라서	as a result	그 결과로
consequently	그 결과로	hence	따라서
therefore	그러므로	thus	그래서

I think; therefore I am.
나는 생각한다, 그러므로 존재한다.

(2) 부가

additionally	게다가	besides	게다가
in addition	게다가	furthermore	더군다나
again	다시, 또	moreover	게다가, 더욱이

I like him, and moreover, I love him.
나는 그를 좋아할 뿐 아니라, 게다가 사랑한다.

(3) 대조

in contrast	대조적으로	nevertheless	그럼에도 불구하고
however	그러나	nonetheless	그런데도

We have not yet won; however, we shall keep trying.
우리가 아직 승리하지는 못했지만, 계속 노력하자.

EXERCISE 옳은 것을 고르시오.

1. 그는 준비가 되지 않았음에도 불구하고 발표를 시작했다.

(So/Although) he was not ready, he started the presentation.

2. 차나 커피 어느 것이든 좋다.

(Neither/Either) tea or coffee would be fine.

3. 감기 때문에 어제 그녀는 결석했다.

(Because/Because of) the cold, she was absent yesterday.

4. 제시간에 오지 않으면 너는 벌을 받을 것이다.

You will be punished (if/unless) you are on time.

5. 나는 수영과 달리기 둘 다 아주 잘한다.

I'm very good at (either/both) swimming and running.

6. 그녀는 장학금을 타기 위해서 열심히 공부했다.

She studied very hard (now that/so that) she could win a scholarship.

7. 그것은 너무 길다는 점을 빼고는 완벽하다.

It will be perfect (except for/except that) it's too long.

8. 여름방학 동안 그는 수영을 즐겼다.

(While/During) the summer vacation, he enjoyed swimming.

9. 신분증을 보여주지 않고 어느 누구도 회사에 들어갈 수 없다.

No one can enter the company (besides/without) showing I.D card.

10. 상사가 지각하지 말라고 했음에도 불구하고 그녀는 항상 늦는다.

(Whereas/Even though) the supervisor told her not to be late, she is always late.

Test

1. (   ) people buy now and pay later, but it is also generally safer to carry than cash.

  a. The credit card, which not only lets

  b. Not only the credit card lets

  c. Not only does the credit card let

  d. The credit card lets

2. (   ) tomorrow, our picnic will be canceled.

  a. In case it rains   b. If it will rain

  c. Whether it rains   d. Unless it rains

3. I've learned (   ) Americans open gifts as soon as they receive them.

  a. that   b. and

  c. if   d. when

4. (   ) you are well again, you can enjoy traveling.

  a. Whether   b. Now that

  c. So that   d. As regards

5. (   ) swans migrate long distances is well known.

  a. That it is   b. When

  c. That   d. It is that

정답 1. c   2. a   3. a   4. b   5. c

해설

1. 'not only ...but also'의 구문이다.

이 구문이 문장의 맨 앞에 쓰일 때 어순에 주의해야 한다.

부정어로 시작하므로 'Not only + 조동사 + 주어'이다.

그러므로 답은 Not only does the credit card let이다.

번역 신용카드는 사람들이 지금 사용하고 나중에 물건 값을 갚게 할 뿐만 아니라 일반적으로 현금보다 가지고 다니기가 더 안전하다.

2. '만약 ...일 경우에'를 뜻하는 if 대용의 'In case'에 관한 문제이다.

조건을 나타내는 부사절일 때는 시제를 현재시제로 써서 미래를 대신해야 하는데 b는 If it will rain이라는 미래시제이므로 답이 아니다.

c의 whether는 '...인지 아닌지'라는 뜻의 접속사로 여기에 쓸 수는 없다.

d의 unless는 '만약 ...하지 않는다면'의 뜻이다.

cancel – canceled – canceled 취소하다

번역 만일 내일 비가 온다면 우리 소풍은 취소될 것이다.

3. 문장에서 의미가 통하도록 목적어 역할을 하는 접속사는 that밖에 없다.

번역 미국 사람들은 선물을 받자마자 열어본다는 것을 나는 알았다.

4. 원인과 이유의 '...이므로'라는 뜻을 나타내는 now that에 관한 문제이다.

now that에서 that은 생략할 수 있다.

be well 건강하다

enjoy는 동명사를 목적어로 취하는 동사다.

travel – travelled – travelled (영국식)

travel – traveled – traveled

동명사형도 두 가지 모두 가능하다. (traveling, travelling)

번역 당신이 다시 건강을 회복했으니 여행을 즐길 수 있겠군요.

5. 문장의 맨 앞에서 절을 이끌 수 있는 접속사는 that뿐이다.

migrate	이주하다, 이동하다
migration	이동, 이주
migrant	이동의, (N.)이주자
migrant worker = migratory worker	계절노동자
migratory	이동하는, 이주하는
migratory birds = migrant birds	철새
immigrate	이주해 오다, 이민 오다
immigration	이주, 이민
immigrant	이주민, (A.)이주하는, 이민자의
immigratory	이주해 온
emigrate	(타국으로) 이주하다, 이민 가다
emigration	이민, 이주
emigrant	이민, 이주자, (A.)이민 가는
emigratory	이주하는

[번역] 백조들이 먼 거리를 이동하는 것은 잘 알려져 있다.

토   익
기초 문법

Unit 14

비교

1 원급

(1) 동등 비교 (as ...as)

• '...만큼 ...하다'의 뜻이다.

He is **as** tall **as** I (am tall).
그는 나만큼 키가 크다.

I ran **as** fast **as** I could.
나는 할 수 있는 한 빨리 달렸다.

(2) 열등 비교 (not so ...as)

• '...만큼 아주 ...하지 않다'의 뜻이다.

She is **not so** beautiful **as** Yuna.
그녀는 연아만큼 아름답지 않다.

You are **not so** big **as** I.
너는 나만큼 크지 않아.

(3) 같은 인물의 두 가지 성질 비교 (as A as B)

• 'B하기도 하면서 A하기도 하다'의 뜻이다.

My English professor is **as** tender **as** kind.
우리 영어 교수님은 친절하면서도 부드럽다.

(4) 배 수사 (...times) + as A as B

• 'B보다 몇 배나 A하다'의 뜻이다.

His house is **twice as** large **as** mine.
그의 집은 크기가 우리 집의 두 배다.

This building is **four times as** big **as** that one.
= This building is **four times** the size of that house.
= This building is **four times** bigger than that house.
이 건물은 크기가 저 건물의 네 배다.

(5) not so much A as B

• 'A라기보다는 B이다'의 뜻이다.

He is **not so much** a teacher **as** a poet.
= He is a poet **rather than** a teacher.
그는 선생님이라기보다는 시인이다.

(6) not so much as + 동사

• '...조차도 하지 않다'라는 뜻이다.

The man can**not so much as** write his own name.
= The man can**not even** write his own name.
그 사람은 자기 이름조차 쓰지 못한다.

(7) as + 형용사/부사 + as possible

- = as ...as one can
- '할 수 있는 한 ...하다'의 뜻이다.

She ran **as** fast **as** possible.
= She ran **as** fast **as** she **could**.
그녀는 할 수 있는 한 빨리 달렸다.

(8) as many 같은 수의, as much 같은 양의

원급	비교급	최상급
good	better	best
well		
bad	worse	worst
ill		
many	more	most
much		
far	farther	farthest
	further (정도)	furthest (정도)
little	less	least

She made four spelling mistakes in **as many** lines.
그녀는 네 줄에서 네 개의 철자 실수를 했다.

I was greatly respected, while he was **as much** despised.
나는 엄청나게 존중받았지만, 그는 그만큼 경시되었다.

＊ far의 경우
- '더 먼'이라는 **거리**를 뜻할 때는 비교급 farther, further 둘 다 쓸 수 있다.
- 최상급에서도 farthest, furthest 둘 다 쓴다.
- 그러나 **정도**를 의미할 때는 further, furthest만 쓴다.

We walked two miles **farther(further)** down the street.
우리는 거리를 2마일 정도 더 걸어 내려갔다.

Shall we think over this point **further**?
우리 이 문제를 좀 더 숙고해 볼까요?

2 비교급

(1) 우등비교

- '비교급 + than'의 형태이다.
- '...보다 더 ...한'의 뜻이다.

Water is heavier than oil.
물은 기름보다 더 무겁다.

※ heavy처럼 자음 + y로 끝나는 형용사는 y를 i로 고치고 er을 붙여서 -ier의 형태로
비교급을 만든다.

Tom is more handsome than Smith.
탐은 스미스보다 더 잘 생겼다.

※ 2음절 이상의 단어 중에서 일부는 불규칙이기 때문에 more를 붙여서 비교급을 만든다.

She speaks far more slowly than I (do).
그녀는 나보다 훨씬 더 느리게 말한다.

※ much, even, far, still, a lot + 비교급: '훨씬', '더욱', '한층'의 뜻이다.

(2) 열등비교

- 'less + 원급 + than'의 형태이다.
- '...보다 덜 ...한'의 뜻이다.

The air in this country is less polluted than the air in that country.
= The air in this country is not as (so) polluted than the air in that country.
이 나라의 공기는 저 나라 공기보다 덜 오염되었다.

※ less + 원급 + than = not as (so) + 원급 + as

(3) the + 비교급, the + 비교급

- '...하면 할수록 더욱 ...하다'라는 뜻이다.

The more you have, **the more** you want.
사람은 가지면 가질수록 더 많이 바란다.

The more I get to know him, **the more** I get to love him.
내가 그를 알면 알수록 더욱 그를 사랑하게 된다.

The more haste, **the less** speed.
급할수록 천천히.

The sooner, **the better**.
빠르면 빠를수록 좋다.

(4) 두 가지의 비교급, 최상급

late	시간	later 더 늦게	latest 가장 늦게, 최근에
	순서	latter 나중의	last 마지막으로, 최후에

the latest news 최근 소식

the last news 마지막 소식

old	오래된	older 더 오래된	oldest 가장 오래된
	연상의	elder 더 연장자인	eldest 가장 연장자인

She is four years **older** than he.

그녀는 그보다 네 살 더 먹었다.

He is my **elder** brother.

그는 나의 형이다.

(5) 라틴어 계열 비교급에 주의하자.

• 비교급 문장에서 than 대신에 to를 써야 한다.

superior to	...보다 월등한
senior to	...보다 연장자인, ...보다 선배의
prior to	...보다 우선의
inferior to	...보다 열등한
junior to	...보다 후배인
prefer A to B	B보다 A를 더 좋아하다

He is four years **junior to** me.

그는 내 4년 후배다.

She **prefers** coffee **to** tea.

그녀는 차보다 커피를 더 좋아한다.

3 최상급

(1) 형용사는 the + 최상급 형태로 사용한다.

- 부사는 정관사 the를 쓰지 않고 최상급만 쓴다.
- 의미는 '...중에서 가장 ...한'이다.
- 최상급 뒤에는 비교의 대상을 한정하는 in이나 of가 이끄는 전치사구나 절이 나온다.

	1. in + 장소 (단수명사)	...에서 가장 ...한
the + 최상급	2. of + 복수명사	...중에서 가장 ...한
	3. that + 주어 + 동사	...에서 가장 ...한

The girl studies ~~the hardest~~ (**hardest**) of them all.
그 여자가 그들 중에서 가장 열심히 공부한다.

She is **the brightest** student in this department.
그녀가 이 과에서 가장 똑똑하다.

This bag is **the lightest of** all.
이 가방이 모든 것들 중에서 가장 가볍다.

This is **the thickest** glass **that** I have ever seen.
이것이 내가 지금까지 본 유리 중에서 가장 두꺼운 유리다.

(2) 비교급과 최상급을 동시에 사용할 수 없다.

That was ~~the more saddest~~ (**the saddest**) song that I have ever heard.
그 노래는 내가 지금까지 들었던 노래 중 가장 슬픈 노래였다.

(3) 주어 + 비교급 + than + any other + 단수명사

• '어느 ...보다 더 ...한'이라는 뜻이다.

more than	...하고도 남는
at the latest	아무리 늦어도
at the earliest	아무리 빨라도
at the earliest convenience	최대한 빨리
at best	기껏해야
at least	적어도
at most	많아야
at one's highest	최고
at one's lowest	최저

Mr. Everest is **higher than any other mountain** in the world.

= **No other** mountain in the world is **higher than** Mr. Everest.

= Mr. Everest is **the highest** mountain in the world.

에베레스트 산은 세계에서 다른 어떤 산보다 더 높다.

EXERCISE 옳은 것을 고르시오.

1. 대한 여행사는 다른 어떤 경쟁사보다 더 빠르게 성장하고 있다.

Daehan Travels is growing (rapidly/more rapidly) than any of its competitors.

2. 최근 연구에 따르면 삼성이 그 지역에서 가장 강력한 경제력을 발휘했다고 한다.

A recent study said Samsung had the (stronger/strongest) economy in the region last year.

3. 그 팀에서 어느 누구도 김 선생보다 더 열심히 하는 사람은 없다.

No one on the team works (hard/harder) than Mr. Kim.

4. 이 실험은 훨씬 더 민감한 실험용 저울을 필요로 한다.

This experiment requires laboratory scales that are much (sensitive/more sensitive).

5. 살 씨는 그 나라에서 가장 위대한 디자이너다.

Mr. Sal is the (greatest/greater) designer in the country.

6. 이 역은 지금 이 도시에서 세 번째로 붐비는 역이다.

This station is the third (busier/busiest) station in the city at the moment.

7. 그들은 지난주만큼 많은 불만을 받지 않았다.

They didn't have as (many/much) complaints as last week.

8. 이번 행사는 다른 행사만큼 많은 관심을 받았다.

This event received as (much/many) attention as the others.

9. 현재 실업률이 작년보다 높다.

The current unemployment rate is (highest/higher) than it was last month.

10. 마케팅 팀의 신입 직원이 다른 기존 직원만큼이나 능력이 있다.

The marketing team's newest member is as (more competent/competent) as some of the older members.

정답 1. more rapidly   2. strongest   3. harder   4. more sensitive
5. greatest   6. busiest   7. many   8. much   9. higher   10. competent

Test

1. Cascading down a remote Venezuelan peak, Angel Falls is (   ) in the world.

  a. the most highest   b. the more highest

  c. the very highest   d. very highest

2. Jenny is no (   ) beautiful than her elder sister.

  a. little   b. much

  c. many   d. less

3. The songs of Bob Dylan are very popular among young people, who regard him as (   ) other musicians.

  a. more superior than   b. superior to

  c. the more superior   d. superior than

4. This is one of (   ) mobile phones on display.

  a. the finest   b. the finer

  c. more finest   d. more finer

5. Of all the candidates, he is perhaps (   ) qualified.

  a. the less   b. more less

  c. a little   d. the least

정답 1. c   2. d   3. b   4. a   5. d

해설

1. 최상급 활용을 묻는 문제이다.

   최상급을 강조할 때 'the + very + 최상급'을 쓴다.

cascade	작은 폭포처럼 떨어지다
cascade down	폭포가 되어 떨어지다
remote	멀리 떨어진
peak	봉우리

   번역 저 멀리 베네수엘라의 산봉우리에서 떨어지는 엔젤 폭포는 세계에서 가장 높다.

2. no less A than B 비교급(B만큼이나 A하다)을 묻는 문제이다.

   Jenny is no less beautiful than her elder sister.

   = Jenny is as beautiful as her elder sister.

   번역 제니는 그녀 언니만큼이나 아름답다.

3. 라틴어 계열에서 온 형용사의 비교급을 묻는 문제이다.

   '...보다 더 ...한'이라는 뜻의 비교급 규칙은 '비교급 ...than'이지만,
   라틴어 계열의 형용사를 비교급으로 나타낼 때는 than을 쓰지 않고
   than 대신에 to를 써야 한다.

regard A as B	A를 B로 간주하다
superior to...	...보다 월등한

   번역 밥 딜런의 노래는 젊은이들 사이에서 매우 인기가 있어서 사람들은 그가 다른 음악인들보다 더 뛰어나다고 여긴다.

4. 'one of + the + 최상급 + 복수명사'를 묻는 문제이다.

one of the finest mobile phones 가장 멋진 휴대폰 중의 하나

on display 진열되어 있는

[번역] 이것이 진열되어 있는 제품 중에서 가장 멋있는 휴대폰 중의 하나이다.

5.

of all the candidates	모든 후보자들 중에서
the least	가장 적은
qualify	...에게 ...할 자격을 부여하다
qualification	자질, 자격, 자격취득
qualifying	적격자 선발을 위한, 예선의
qualifying game = qualifying round = qualifying heat	예선전
qualified	자격이 있는, 적임의
overqualified	자격이 넘치는
disqualify	...의 자격을 빼앗다
disqualification	자격 박탈, 실격, 부적격
disqualified	자격을 잃은, 실격의

[번역] 모든 후보자들 중에서 아마 그가 가장 자격이 없다.

Unit 15

전치사

1 시간(때)의 전치사

(1) in, on, at

① in (연도, 세기, 계절, 월, 오전, 오후, 저녁, ...이후, 비교적 긴 시간 등)

in 2014 2014년에

in the morning 오전에

in August 8월에

in summer 여름에

in the afternoon 오후에

in the evening 저녁에

in the 21st century 21세기에

in the future 장래에

in ten minutes 10분 지나서

② on (날짜, 요일, 특정한 시간, 그날의 아침, 낮, 저녁)

on Sunday 일요일에

on the 12th of August 8월 12일에

= on August 12

on my birthday 내 생일에

on Christmas Day 크리스마스에

on May 1st 5월 1일에

on New Year's Eve 12월 31일에

on the morning of November 17 11월 17일 오전에

③ at (구체적인 시각, 비교적 짧은 시간)

at ten o'clock 10시에

at night 밤에

at the moment 현재

at dawn 새벽에

at 9:30 9시 30분에

at sunset 일몰에

at Christmas 크리스마스에

at the age of thirty 서른 살에

at lunchtime 점심시간에

at present 현재

(2) during, for, over, through

① during (특정 기간, 행사)

during the seminar 세미나 동안

during the summer vacation 여름방학 동안

during the night 밤 동안

during the journey 여행 동안

during the lunchtime 점심시간 동안

during this semester 이번 학기 동안

During the night the snow changed to rain.
밤 동안 눈이 비로 바뀌었다.

② for + 숫자 (...하는 동안)

for two weeks 2주 동안

for ages 오랫동안

for an hour 한 시간 동안

for years 오랫동안

for a moment 잠시 동안

for half an hour 30분 동안

③ over (...동안 쭉, ...의 끝까지)

over the holidays 휴가 동안 쭉
over Sunday 일요일까지 쭉
over the ten months 10달 동안 쭉
over a series 시리즈 동안 쭉

Can you stay here over Sunday?
일요일까지 여기서 묵을 수 있습니까?

④ through (...동안 내내, 처음부터 끝까지)

through the lecture 강의 시간 내내
through the winter 겨울 내내
through the night 밤새

He will stay here through the winter.
그는 겨울 내내 여기서 머물 것이다.

She dozed off through the class.
그녀는 강의 내내 졸았다.

(3) by, until (till)

① by (까지는, 동작이나 상태가 어느 시점에 완료)

by 2 o'clock 2시까지
by Friday 금요일까지
by tomorrow 내일까지

He will have done it by next Sunday.
그는 그것을 다음 주 일요일까지는 끝낼 것이다.

You must read the book by tomorrow.
너는 그 책을 내일까지 읽어야 한다.

② until (...까지, 동작이나 상태의 계속)

until Monday 월요일까지

until 6 p.m. 6시까지

until noon 정오까지

Until his death he had lived in L.A.
죽을 때까지 그는 L.A.에 살고 있었다.

He is supposed to finish his work until tomorrow.
그는 내일까지 그의 일을 끝내기로 되어 있다.

③ since, from

from	...로부터(어느 때의 기점)	from tomorrow
		from August 3rd
since	...이래 쭉 (과거부터 현재까지 계속)	since last Sunday
		since the accident
		since my graduation

It's been raining on and off since last week.
지난주부터 비가 오락가락 내린다.

Two months from today is winter vacation.
오늘부터 두 달 동안 겨울 방학이다.

2   장소, 방향의 전치사

(1) in, on, at, above, over

at (...에)	특정 지점, 비교적 좁은 장소 앞에 쓴다.	at the doctor's office
		at Seoul station
		at the bus stop
		at city hall
		at the bank
		at the door
		at the post office
in (...안에)	공간 속에 있는 느낌이나 비교적 넓은 장소, 도시, 나라 앞에 쓴다.	in my bag
		in Incheon
		in Seoul
		in Korea
		in the living room
		in the classroom
		in New York
on (...위에)	물체가 표면에 접촉해 있을 때 쓴다.	on the wall
		on the rock
		on the table
		on the floor
		on Main Street
above (위에, 위쪽에)	(보다 높은) 위쪽을 나타낼 때 쓴다. = higher than의 뜻이다.	above his head
		above the sea level
		above us
over (바로 위에)	떨어져서 바로 위에	over the sea
		over the river
		over his head

When she entered the room, her puppy was at the door.
그녀가 문을 열고 들어갔을 때 강아지가 문에 있었다.

The town is situated 2,000 meters above (the) sea level.
그 도시는 해발 2,000미터에 자리 잡고 있다.

The cliff hangs over the sea.
절벽은 바다 위로 나와 있다.

She has a beautiful oriental rug on the floor.
그녀는 마루에 아름다운 동양식 양탄자를 깔았다.

(2) below, under, beneath

below	(...보다 낮은) 아래에 = lower than	below the sea level
		below the line
		below the horizon
		below us
under	...바로 아래에	under the sea
		under the sun
beneath	(접해서) 바로 밑에	beneath my head
		beneath the same roof
		beneath the wall

He lives in the apartment below us.
그는 우리 아래층에 산다.

There was a flower border beneath the wall.
벽 밑 쪽에 화단이 있었다.

3 주의해야 할 전치사 용법

(1) 전치사는 중복 사용 불가

You can pay for your purchases here with on a credit card. (×)

→ You can pay for your purchases here with a credit card. (○)

당신이 구매하신 물품은 여기서 카드로 결제할 수 있습니다.

(2) 시간 표시 부사(구)는 시간 표시 전치사(in, on, at)와 함께 사용 불가

시간 표시 부사(구)	this, that
	next, now
	tomorrow, last
	yesterday, every day

He has been working hard in this week. (×)

→ He has been working hard this week. (○)

그는 이번 주에 열심히 일하고 있다.

4 주요 전치사구 관용어구

(1) 전치사구

in advance	미리
as a result	...의 결과로
in writing	서면으로
at all times	항상
at the rate of	...의 비율로
upon request	신청하는 대로
in light of	...로 비추어 보아
in place of	...대신에
under construction	공사 중
on behalf of	...을 대신하여
in excess of	...을 초과하여
in observance of	...을 준수하여
in comparison with	...와 비교하여
in detail	자세히
aside from	...이외에
in conclusion	결론적으로
by the end of	...의 말까지
in accordance with	...에 따라
apart from	...은 별도로 하고
in view of	...을 고려하여
with regard to	...에 대하여
without a doubt	의심할 바 없이
by means of	...을 수단으로
in charge of	...을 책임지는

My company is planning to send samples to the regular customers **by the end of** this month.

우리 회사는 단골손님들에게 이번 달 말까지 샘플을 보낼 것이다.

(2) be동사 + 과거분사(p.p.)/형용사 + 전치사

be afraid of	...을 두려워하다
be angry with	...에 화를 내다
be aware of	...을 알다
be attached to	...에 붙어 있다
be capable of	...할 수 있다
be crowded with	...로 붐비다
be consistent with(in)	...와 일치하다
be eligible for	...할 자격이 있다
be enthusiastic about	...에 열광적이다
be frightened	...에 놀라다
be filled with	...으로 가득 차다
be inferior to	...보다 못하다
be jealous of	...을 질투하다
be married to	...와 결혼하다
be pleased with	...에 만족하다
be polite to	...에 공손히 하다
be suitable for	...에 적합하다
be related to	...에 관련이 있다
be similar to	...와 비슷하다
be sorry for	...에 미안하게 생각하다
be equipped with	...을 갖추다
be accustomed to	...에 익숙하다
be ashamed of	...을 부끄러워하다
be appreciative of	...에 감사하다

be based on	...에 근거하다
be crazy about	...에 열광적이다
be covered with	...로 덮여 있다
be dedicated to	...에 헌신하다
be equal to	...와 동등하다
be familiar with	...에 익숙하다
be full of	...로 가득 차다
be entitled to	...할 자격이 있다
be involved in	...관련이 있다
be mad at	...에 화가 나다
be known for	...로 유명하다
be proud of	...을 자랑스럽게 여기다
be subject to	...하기 쉽다
be responsible for	...을 책임지다
be satisfied with	...에 만족하다
be superior to	...보다 월등하다
be closed to	...에 가깝다
be mad of	...으로 만들어지다

Younger people tend to be more familiar ~~about~~ (**with**) computers and other electronics.
젊은 사람들이 컴퓨터와 다른 전자기기에 더 익숙한 경향이 있다.

He is so much proud ~~to~~ (**of**) his poor parents.
그는 가난한 그의 부모님을 무척이나 자랑스러워한다.

(3) 동사 + 전치사

add A to B	A를 B에 더하다
agree to + 사물	동의하다
apply for	지원하다
apologize for	...에 대해 사과하다
believe in	...을 믿다
break down	고장 나다
consist of	...로 구성되다
care about	...에 대해 걱정하다
concentrate on	...에 집중하다
face with	...에 직면하다
invest in	...에 투자하다
benefit from	...로부터 이익을 얻다
count on	의지하다
recover from	회복하다
subscribe to	...을 구독하다
provide A with B	A에게 B를 제공하다
prevent A from ...ing	A가 ...하지 못하게 막다
stop A from ...ing	A가 ...하지 못하게 막다
keep A from ...ing	A가 ...하지 못하게 막다
account for	설명하다
agree with + 사람	...에 동의하다
approve of	...을 승인하다
assist with	...을 돕다
belong to	...에 속하다
comply with	...을 준수하다
deprive of	...을 빼앗다
care for	...을 좋아하다
depend on	...에 의존하다

interfere with	...을 간섭하다
account for	...을 설명하다
succeed in	...에 성공하다
succeed to	...을 계승하다
rely on	의존하다
replace with	...을 대신하다
wait for	...를 기다리다
compensate A for B	A에게 B를 보상하다
consider A as B	A를 B로 간주하다
regard A as B	A를 B로 간주하다

I want to add some more sugar to my coffee.

나는 커피에 설탕을 좀 더 넣어야겠다.

She finally succeeded ~~to~~ (in) passing the entrance examination.

그녀는 마침내 입학시험에 합격했다.

※ '...에 성공하다'는 succeed in ...ing 이다.

EXERCISE   옳은 것을 고르시오.

1. 우리는 비행기로 부산에 갔다.

We went to Busan (by/in) airplane.

2. 막걸리는 쌀로 만든다.

Korean traditional wine(Makeoli) is made (to/from) rice.

3. 뮤지컬 '캣츠'는 10분 후에 시작한다.

The musical 'Cats' will start (after/in) ten minutes.

4. 그는 학생들에게 인기가 많다.

He is very popular (to/with) the students.

5. 어린이는 부모가 동반해야 한다.

Children must be accompanied (with/by) their parents.

6. 저와 약속하시려면 제 비서에게 말씀하세요.

If you want to make an appointment (to/with) me, you need to speak to my secretary.

7. 그녀는 1월부터 여기서 일하고 있다.

She has been working here (for/since) January.

8. 너는 숙제를 금요일까지 제출해야 한다.

You have to submit your homework (by the time/by) Friday.

9. 악조건에도 불구하고 나는 일을 끝냈다.

(Despite of/In spite of) the bad condition, I finished the job.

10. 나이에 상관없이 누구나 동아리에 가입할 수 있다.

(Excluding/Rergardless of) age, anyone can join the club.

정답 1. by   2. from   3. in   4. with   5. by
6. with   7. since   8. by   9. In spite of   10. Regardless of

Test

1. (　　　) its popularity, the store closed.

  a. Although   b. Despite

  c. Despite of   d. As though

2. Can you stay here (　　　) Saturday?

  a. in   b. to

  c. over   d. of

3. All of the employees were received a bonus (　　　) the end of last month.

  a. by   b. in

  c. to   d. at

4. She has played the piano (　　　) she was six years old.

  a. from   b. for

  c. since   d. during

5. (　　　) of his age, he still enjoys dancing disco.

  a. In spite   b. In case

  c. Despite   d. instead

6. Your mother looks very young (　　　) her age.

  a. in   b. at

  c. for   d. by

7. His address is (   ) from impressive.

   a. long

                b. far

   c. a

                d. no

정답 1. b 2. c 3. d 4. c 5. a 6. c 7. b

해설

1. '...에도 불구하고'의 표현은 despite, in spite of, notwithstanding이다.

    c번의 despite of는 despite 다음에 전치사 of를 쓸 수 없기 때문에 답이 아니다.

    따라서 정답은 b이다.

    번역 인기가 있었지만 그 가게는 문을 닫았다.

2. '토요일까지 쭉'이라는 뜻으로 c번의 over가 정답이다.

    번역 토요일까지 쭉 여기서 머물 수 있어요?

3. '지난달 말에'는 at the end of last month이므로 정답은 d이다.

    번역 모든 직원들은 지난달 말에 보너스를 받았다.

4. since는 과거의 어느 시점에서 현재까지의 계속을 말한다.

    since는 현재완료(has played)와 결합한다.

    번역 그녀는 6살 때부터 피아노를 쳐왔다.

5. '...에도 불구하고'의 표현을 익히자.

in spite of	
despite + 구	...에도 불구하고
although + 주어 + 동사 (절)	
in case of	...의 경우에는
instead of	...대신에

    따라서 a의 in spite of가 정답이다.

    전치사구 in spite of와 전치사 despite 뒤에는 절이 나올 수 없다.

    번역 그의 나이에도 불구하고 그는 여전히 디스코 춤을 즐긴다.

6. '...에 비해'라는 뜻으로 전치사 for를 쓴다.

따라서 정답은 c이다.

for her age 그녀의 나이에 비해

[번역] 너의 어머니는 나이에 비해 아주 젊어 보이신다.

7. '결코 ...하지 않다'는 표현을 알아보자.

be far from	결코 ...하지 않다
be above ...ing	

impressive = moving 감동적인

[번역] 그의 연설은 전혀 감동적이지 않다.